Fari Khabirpour
Nadi Hofmann
»Halt mich fest und lass mich los!«

# Fari Khabirpour

## Nadi Hofmann

# »Halt mich fest und lass mich los!«

## Die Herausforderungen der Kinder besser verstehen und beantworten

Horizonte Verlag - Stuttgart

Fari Khabirpour
Nadi Hofmann
»Halt mich fest und lass mich los!«
Die Herausforderungen unserer Kinder
besser verstehen und beantworten

1. Auflage 1998
Copyright by Fari Khabirpour
Horizonte Verlag GmbH, Morsestr. 35, D-70435 Stuttgart
Alle Rechte vorbehalten.
Umschlaggestaltung: Peter Spiegel, Stuttgart

ISBN -389483-056-5
Printed in Germany

# INHALT

# VORWORT

Viele Eltern haben aufgegeben, Bücher über Kindererziehung zu lesen, denn sie haben festgestellt, daß die Theorie immer wesentlich leichter ist als die Praxis. Leider haben sie daraus den Schluß gezogen, sich auch nicht mehr der Theorie zuzuwenden. Doch Theorie führt zu Erkenntnis, und Erkenntnis ist bekanntlich der erste Schritt, um im Alltag etwas zu verändern. Erkennt man bestimmte Prozesse und Muster und entscheidet sich, diese zu verändern, so ist dies vergleichbar mit dem Aussäen einer Saat. Die Saat allein, also die Erkenntnis, ist aber nicht ausreichend, um eine gute Ernte zu erzielen. Wesentlich aufwendiger ist die darauf folgende Pflege und Sorge um das Wachstum der Pflänzchen, also das Umsetzen der Erkenntnis im Alltag. Manchmal geht die Saat ein, und man muß es noch einmal versuchen. Ein anderes Mal merkt man, daß diese Samen einfach nicht geeignet sind, und man entscheidet sich für andere. Doch oft freut man sich auch nachher über die Ernte und denkt sich: Es war die Mühe wert. Doch hätten wir ohne Samen jemals eine Ernte haben können?

Der Hauptgrund, der uns dazu brachte, dieses Buch zu schreiben, war die Hilflosigkeit, die uns bei der Arbeit mit Eltern aufgefallen ist: Immer mehr Eltern sind verzweifelt, die Kinder wachsen ihnen über den Kopf. Die Schule hilft auch nicht, die Kinder aufzufangen. Im Gegenteil, sie stellt zu Hause nur noch ein weiteres Streitthema dar. Die psychologischen Beratungsstellen sind überlaufen, die Wartezeiten betragen oft Monate. Lehrer, Ärzte und andere Eltern werden um Rat gefragt. Die meisten Eltern sind sich einig: „Die Kinder machen einfach, was sie wollen, egal wie alt sie sind. Wir kriegen sie nicht mehr in den Griff."

Es fängt mit den kleinen Kindern an, die nicht nur trotzen, sondern mit heftigen Wutausbrüchen reagieren, die alles haben wollen, die ihre Eltern voll im Griff haben, oder solche, die sich verschließen, nicht mehr kuscheln wollen und sich kaum mitteilen. Später sind es die Kinder, die in der Schule Probleme haben mit den Lehrern, mit den Mitschülern, mit dem Unterricht. Sie schließen sich Gruppen an, die einen „schlechten Einfluß" ausüben, und sie werden zunehmend aggressiv, desinteressiert oder lethargisch. Wo sind die braven, lieben Kinder, die fleißig in die Schule gehen, zu Hause mithelfen und nachmittags nach den Hausaufgaben spielen gehen, um dann ausgelastet zum gemeinsamen Abendbrot zu erscheinen? Gab es diese Kinder jemals? Werden die Kinder immer schlechter oder die Eltern? Früher war das alles noch ganz anders... .Da zählte noch das Wort des Vaters oder des Lehrers. Heute gilt das alles nicht mehr. Was zählt, ist, was die Trends und die Mitschüler/innen – natürlich nur die coolen – sagen.

Von dem Wertewandel in der Gesellschaft sind wir alle betroffen, auch unsere Kinder. Ob es früher besser war als heute oder umgekehrt, ist hier nicht die Frage. Feststeht aber, daß es heute anders ist als früher. Das Kind, das früher Angst vor der Autorität seines Vaters hatte, lacht denselben heute aus. Eltern haben Schwierigkeiten, ihre Kinder in die richtige Bahn zu lenken. Kann man diese Veränderungen einfach ignorieren? Es lohnt sich, darüber nachzudenken.

Dieses Buch soll auf keinen Fall eine Zauberformel oder ein „Rezept zum guten Gelingen glücklicher Kinder" darstellen. Es soll helfen, die Mechanismen aufzudecken, nach denen wir alle funktionieren. Wenn wir uns selbst und unsere Kinder genau beobachten, fällt uns oft auf, daß sich vieles immer wieder nach dem gleichen Muster abspielt. Erkennen wir einmal diese Spielregeln, die wir, ohne uns deren bewußt zu sein, schon seit langem verinnerlicht haben, können wir sowohl unsere Reaktionen wie auch die unserer Kinder verstehen lernen. Nur dann können wir bewußt einige Spielregeln verändern, in der Hoffnung, daß sich dadurch der ganze Spielverlauf wendet. Dieses Buch ist also eher eine Hilfe zur Selbsthilfe.

Jedes Elternteil muß selbst abwägen, ob die hier aufgezeigten Möglichkeiten bei ihm oder den Kindern zutreffen. Kinder sind sehr unterschiedlich, auch innerhalb einer Familie. Was für das eine Kind zutrifft, muß keine Gültigkeit für ein anderes haben. Außerdem entwickeln sich Kinder auch verschieden schnell. Deshalb geben wir keine klaren Altersangaben. Wir möchten durch Beispiele und Erläuterungen einen Anstoß dazu geben, daß Sie Ihre Kinder und Ihre Beziehung zu diesen einmal aus einer ganz anderen Perspektive betrachten.

Dies ist kein wissenschaftliches Buch und auch kein Patentrezept. Es ist nicht für alle Zeiten gültig und ist nicht die absolute Wahrheit. Es ist ein Versuch, endlich einmal die Spielregeln des Spiels, das wir tagtäglich spielen, zu verstehen, und, wenn nötig, zu verändern.

# KAPITEL 1

# ÜBER DIE KINDER

*„Eure Kinder sind nicht Eure Kinder.*
*Sie sind die Söhne und Töchter der Sehnsucht des Lebens nach sich selbst.*
*Sie kommen durch Euch, aber nicht von Euch.*
*Und obgleich sie bei Euch sind, gehören sie Euch nicht.*
*Ihr dürft ihnen Eure Liebe schenken, nicht aber Eure Gedanken,*
*denn sie haben ihre eigenen Gedanken.*
*Ihr dürft ihren Körpern ein Heim geben, aber nicht ihren Seelen,*
*denn ihre Seelen wohnen im Hause von Morgen,*
*das Ihr nicht besuchen könnt, nicht einmal in Euren Träumen.*
*Ihr dürft Euch bemühen, wie sie zu sein,*
*aber sucht nicht, sie Euch gleich zu machen.*
*Denn das Leben geht nicht rückwärts und verweilt nicht beim Gestern.*
*Ihr seid die Bögen, von denen Eure Kinder*
*als lebende Pfeile ausgeschickt werden.*
*Der Bogenschütze sieht das Ziel auf dem Pfade des Unendlichen*
*und er biegt Euch mit seiner Kraft,*
*so daß seine Pfeile flink und weit gehen können.*
*Laßt Euer Biegen in der Hand des Schützen aus Freude geschehen;*
*denn so wie er fliegende Pfeile liebt,*
*so liebt er auch den Bogen, der gefestigt ist."*

KHALIL GIBRAN

Dieses Buch dreht sich um Kinder und deren Beziehung zu ihren Eltern, Lehrern oder anderen Erziehern. Darum soll zunächst das Wesen des Kindes kurz erörtert werden. Das Kind ist ein Geschöpf, das entstanden ist aus Liebe. Mit Liebe ist hier nicht nur die Liebe zwischen zwei Menschen gemeint, sondern die schöpferische Kraft, die Entstehung und Wachstum ermöglicht. Dies kann die Liebe zwischen zwei Menschen sein, die dazu führt, daß ein neues Wesen entsteht. Doch selbst wenn die beiden Elternteile sich nicht geliebt haben, ist es die Liebe der Mutter, die das Kind in sich trägt, welche dem Kind die Kraft gibt zu überleben. Doch es ist nicht nur ein Körper, der geschaffen wird, sondern viel mehr. Die Kraft und der Willensakt, die das Kind aufbringt, um zu wachsen, kommen nicht nur aus seinen eigenen Körperzellen heraus. Die Nahrung der Mutter allein genügt nicht, um aus dem Fötus einen voll entwickelten Menschen zu machen. Es steckt eine andere Kraft dahinter, eine unsichtbare Macht, die bestimmt, daß aus dem „Liebesakt" zweier Menschen ein neuer Mensch entsteht.

Diese Kraft ist es, die, obwohl unsichtbar, dem Menschen das Leben ermöglicht. Sie schafft Hoffnung, Freude, Trauer, Angst, Liebe und andere Realitäten, deren Wirklichkeit mit den biologischen Sinnen nicht wahrnehmbar und greifbar ist, wenn auch meßbar. Diese unsichtbare Dimension ist das geistige Wesen des Kindes. Dieses geistige Wesen gibt jedem Menschen seine Daseinsberechtigung als gleichwertiges Mitglied der menschlichen Gemeinschaft. Es verhilft, von dem Körper, der Hautfarbe, der Nationalität oder der Religion des Menschen abzusehen und das Unsichtbare in ihm zu betrachten, das, wovon Antoine de Saint-Exupéry sagt: „Das Wesentliche ist für die Augen unsichtbar." Dieses Wesentliche ist es, was jeder hat, ob arm oder reich, krank oder gesund, brav oder frech, glücklich oder traurig. Darin ist die Liebe des Menschen verborgen, seine Kraft und seine Verbindung zu seinem Schöpfer. Dieses „unsichtbare Wesentliche" ist es, was jeden Menschen liebenswert und jedes Leben lebenswert macht.

Sieht man einem Menschen in die Augen oder spürt man seine Ausstrahlung, kommt man dieser Realität näher, als wenn man einfach nur mit ihm spricht oder verhandelt. Vor allem bei Kindern ist die Reinheit, die sich in den Augen widerspiegelt auffällig. Ist es, weil Kinder ihrer geistigen Heimat noch näher stehen als wir? Ist es, weil sich bei ihnen noch nicht soviel in der Welt des Sichtbaren abgespielt hat wie bei uns?

Ein Bild zeigt den Wert und das Potential, das in jedem Menschen steckt und weist auf die Bedeutung der Erziehung hin:

> *„Betrachte den Menschen als ein Bergwerk, reich an Edelsteinen von unschätzbarem Wert. Nur die Erziehung kann bewirken, daß es seine Schätze enthüllt und die Menschheit daraus Nutzen zu ziehen vermag."*
> BAHÁ'U'LLÁH

Das Ziel der Erziehung sollte also sein, aus jedem Menschen die Edelsteine seines Bergwerkes herauszuholen und sichtbar zu machen. So wird es dem Menschen ermöglicht, seinen Platz in der Gemeinschaft zu finden und für die Menschheit nützlich zu werden. Denn jeder trägt ein Teil des Lebenspuzzles mit sich und hat die Aufgabe, dieses Teil an die richtige Stelle zu legen. Kein Stück darf fehlen, um das Bild zu vollenden. Für die meisten Menschen ist es eine lebenslange Aufgabe herauszufinden, wie ihr Teil aussieht und wohin es gehört. Erst wenn sie die Antwort darauf gefunden haben, sind sie zufrieden und sinnerfüllt. Sie vertrauen in sich selbst.

Was ist eigentlich Selbstvertrauen? Eigentlich sollte jeder der beiden Begriffe „Vertrauen" und „Selbst" zweifach in dem Wort vorkommen. Denn es handelt sich um zweifaches Vertrauen und um zweifaches Selbst: Es geht sowohl um das Vertrauen, das ich zu mir und meinen Fähigkeiten habe, wie auch um das Vertrauen, das mir von meinem Schöpfer entgegengebracht wurde, indem er mich mit diesen Fähigkeiten ausgestattet hat. Und es geht sowohl um das eigene Selbst, an das ich glaube, das ich kenne, schätze und achte wie auch darum, selbst an sich zu glauben, also nicht abhängig davon zu sein, daß andere Menschen an einen glauben.

Nur wer seine Fähigkeiten und Begabungen kennt, kann diese einsetzen und so für die Gemeinschaft nützlich sein. Wer sich jedoch unterschätzt oder gar überschätzt, kann seine Rolle und Aufgabe im Leben nicht finden. Er verwendet seine Energie statt dessen darauf, unter seiner Nutzlosigkeit zu leiden, um sich früher oder später depressiv zurückzuziehen. Nicht nur bleibt seinen Mitmenschen vieles vorenthalten, was er geben könnte, sondern auch ihm selbst entgehen die Genüsse des Lebens, weil er sie vor lauter Selbstmitleid nicht wahrnehmen kann. Auf diese Art und Weise verfallen viele Menschen in eine Haltung, die durch Erschöpfung, Frustration und ein Gefühl der Sinnlosigkeit gekennzeichnet ist. Fragt man sie: „Wie geht's?", antworten sie: „Es muß".

Nun fragt sich aber: Wie kann dieses Selbstvertrauen erreicht werden, und was können Eltern oder auch andere Erzieher dafür tun? Alles dreht sich um das Wort „Vertrauen". Vertraut ein Erzieher seinem Kind, zeigt er ihm damit, daß es sich selbst vertrauen darf.

13

## Wer ist dieser Schöpfer?

Die meisten Menschen stellen sich unter einem Schöpfer etwas vor, was sie ‚Gott‘ nennen. Aber genau dieser Begriff ‚Gott‘ wurde und wird in unserem Kulturkreis oft mißverstanden und mißbraucht.

Es werden Konzepte verbreitet, die Gott als eine richtende und strafende Instanz darstellen. Dadurch fühlt sich der Mensch seinem Schöpfer entfremdet. Anstelle einer nahen und warmen Beziehung steht ein entferntes und kühles Verhältnis, das beängstigend wirken kann. Folge dieses Angstgefühls ist, daß der Mensch sich zurückzieht, in einem Versuch, sich vor Gott zu verstecken, um Ihm sein Versagen oder Fehlverhalten nicht zeigen zu müssen. Gelingt dieser Rückzug, so glaubt der vor Gott ängstliche Mensch, wird Seine Strafe ihn nicht erreichen. Was er aber nicht bedenkt, ist, daß dieser Rückzug in Einsamkeit endet.

Ein weiteres Konzept, das zu Mißverständnissen führt, besteht darin, daß alle Verantwortung im Leben auf das Schicksal oder eine höhere Instanz namens ‚Gott‘ abgeschoben wird. Dies entmündigt den Menschen und kann zu Passivität, Abhängigkeit und Fanatismus führen.

Beide Konzepte hatten und haben noch immer verheerende Folgen in der Kindererziehung. Solch einen ‚Gott‘ brauchen Kinder nicht. Ohne diese verzerrten Gottesbilder kann ein Kind zuversichtlicher, lebensfroher und selbstbewußter aufwachsen.

## Wozu überhaupt Gott?

Wie schon zu Beginn dieses Kapitels beschrieben wurde, ist das Kind ein Wesen, das nach wie vor mit seinem Schöpfer verbunden ist. Diese Verbindung ist jedoch nicht verkrampft und beschränkend, sondern eine lebensspendende und erwärmende Beziehung. Es bietet sich an, den Schöpfer mit der Sonne zu vergleichen. Die Sonne ist eine unabhängige Energiequelle, die zu jeder Zeit Licht und Wärme spendet. Sie gibt bedingungslos, ohne aufgefordert zu werden, und ermüdet nie. Obwohl der Mensch das genaue Wesen der Sonne nicht kennt, vertraut er immer darauf, daß sie nie verschwinden wird, denn Leben und Wachstum auf der Erde sind ohne der Verbindung zu dieser Quelle unmöglich. Ein natürlicher Gottesbegriff läßt sich von diesem Beispiel ableiten. ‚Gott' könnte auch der Schöpfer, die Quelle, das Leben, die Liebe, die Energie, die Wärme, das Licht, die Geborgenheit, die Nähe oder die Anziehung heißen.

Wenn Eltern sich von dem klassischen Gottesbegriff befreien können, erlauben sie damit auch ihrem Kind, das gesunde und positive Verhältnis zu seinem Gott zu bewahren. Diesen Eltern fällt es auch leichter, der natürlichen Neugier der Kinder auf Fragen des Lebens und Lebenssinns zu begegnen.

## WELCHE AUSWIRKUNG HAT ALSO DIE BEZIEHUNG ZU GOTT AUF DIE KINDERERZIEHUNG?

Zunächst wird deutlich, daß der Mensch im Gesamtkontext gesehen werden muß. Er lebt nicht nur als Einzelmensch für sich alleine, ist ebenfalls nicht nur in einem sozialen Umfeld eingebettet, sondern ist darüber hinaus, ob bewußt oder unbewußt, ob gewollt oder ungewollt, immer mit der Lebens- und Liebesquelle verbunden. Wenn Eltern durch ihre Erziehung im Kind diese Verbindung wachhalten, entsteht dadurch im Kind ein Gefühl der Zuversicht, der inneren Ruhe, der Gelassenheit und der Geborgenheit. So wie die Blume unter dem Einfluß des Lichts und der Wärme der Sonne aufblühen und gedeihen kann, wird auch das Kind durch die wache Beziehung zu seiner liebenden Quelle in eine Richtung wachsen, in der das ‚Wesentliche' zu seinem Lebenssinn wird. Im alltäglichen Leben strebt das ‚Wesentliche' der menschlichen Seele nach Lieben und Geben.

Die übliche moralische Erziehung der Sittlichkeit und Tugendhaftigkeit kann die Verbindung zu dieser wesentlichen Quelle nicht ersetzen, sondern muß auf dem oben beschriebenen Fundament aufbauen, sonst läuft sie Gefahr, in Heuchelei und Scheinheiligkeit zu entarten.

Viele Eltern glauben, ihre Kinder dauernd an der Hand halten zu müssen. Sie lassen sie nicht los, weil sie sie führen und schützen wollen. Das ist zwar gut gemeint, kann für das Kind aber schädlich sein. Verantwortung für seine Kinder zu tragen bedeutet nicht, sie festzuhalten. Verantwortlich zeigt man sich als Erzieher, wenn man dem Kind hilft, sich für sich selbst verantwortlich zu fühlen. Denn nur dann schafft es das Leben eigenverantwortlich und löst sich aus der anfänglichen Abhängigkeit von seinen Eltern. Es ist leichter, seine Kinder loszulassen, wenn man darauf vertraut, daß man nicht alleine für sie verantwortlich ist. Denn sie gehören nicht uns. Sie werden behütet und geführt von der Kraft, die sie geschaffen hat und die ihrem Leben einen Sinn gegeben hat.

*„O Gott!*
*Führe mich, beschütze mich, erleuchte die Lampe meines Herzens*
*und mache mich zu einem strahlenden Stern.*
*Du bist mächtig und stark."*
'ABDU'L-BAHÁ

# KAPITEL 2

# ICH HABE ANGST,
# MEIN KIND HAT ANGST

Jeder weiß, was Angst ist. Der eine erlebt dieses Gefühl ganz oft und sehr intensiv, dem anderen wiederum begegnet die Angst eher selten. Es gibt auch Unterschiede darin, wovor man Angst hat, wann sie auftritt und wie lange sie anhält. Tatsache bleibt aber, daß sie jeder kennt, und daß sie immer als unangenehm erlebt wird. Meistens ist es ein lähmendes und beklemmendes Gefühl. Ein Mensch, der Angst hat, fühlt sich gehindert weiterzumachen, er kann oft nicht in eine andere Richtung schauen, keinen klaren Gedanken fassen, er läßt sich nicht ablenken, nicht durch Vernunft überzeugen. Nichts hilft, solange die Angstursache nicht behoben ist. Es ist, als bliebe das Leben stehen für einen Augenblick oder für einige Stunden, oft sogar für viele Tage. Es scheint, als gäbe es nichts anderes wichtiges mehr im Leben als das, worum sich die Angst dreht. Da kann man nicht einfach weitermachen, man bleibt wie gelähmt stehen, blockiert und abwartend, erfüllt von diesem unbestimmten, bedrückenden Gefühl der Angst.

Es gibt unzählige Dinge, vor denen wir Angst haben. Manche haben Angst vor bestimmten Menschen, Tieren und Orten bis zu Krankheiten verschiedener Art oder dem Tod. Andere haben mehr Angst vor bestimmten Erfahrungen, wie alleine zu

17

sein, verlassen zu werden, betrogen zu werden, ausgelacht zu werden, kritisiert zu werden und vielen anderen unangenehmen Erlebnissen. Doch nicht nur unsere eigene Lebensgeschichte lehrt uns, Angst zu haben, sondern die gesellschaftlichen Trends, ausgesprochen und verstärkt durch die Medien, schüren Ängste in jedem von uns. Wir leben in einer Zeit, die angstorientiert, aber auch beängstigend ist. Es gibt viele potentielle Gefahren, die immer und latent vorhanden sind. Was wir nicht schon selbst erkennen, wird uns von den Medien in einer Art und Weise präsentiert, daß wir fast gezwungen sind, ängstlich die neuesten Entwicklungen zu verfolgen. Wir werden abhängig von den Nachrichten und Berichten der Medien. Für diese ist dies ihr täglich Brot. Meist wird unsere Angst dadurch aber nicht verringert, sondern eher noch verstärkt oder verlagert. Bis zur Verzweiflung treiben uns Ängste um Dinge, die uns entweder schon betreffen oder sicher noch betreffen werden: Dazu gehören Bedrohungen wie Arbeitslosigkeit, Gewalt, Kriminalität, Katastrophen verschiedener Art, Kriege, Ausländer oder persönlichere Gefahren wie Krankheiten, Viren, Epidemien, Medikamente, diverse Nahrungsmittel, Vergiftungen. Den Gipfel all dieser Ängste bildet die Angst vor dem Tod.

Doch nicht nur die Medien leben von unseren Ängsten, auch Ärzte, Psychologen, Politiker, Werbefachleute, Kaufleute und andere soziale und dienstleistende Berufsgruppen brauchen eine „ängstliche" Bevölkerung, die Hilfe suchend jeden nur möglichen Strohhalm ergreift. Jeder Helfer wie auch jeder Profitgierige baut seine Macht auf die Unterlegenheit und Ängstlichkeit des Gegenübers auf.

Auf diese Mechanismen sei an dieser Stelle nur kurz hingewiesen, ohne leugnen zu wollen, daß wir tatsächlich in einer Zeit leben, die beängstigend ist. Überall gibt es so viele bekannte und noch mehr unbekannte Zeitbomben, deren Explosion verheerende Folgen haben wird. Nun wollen wir uns aber zunächst mit der Angst der Eltern um ihre Kinder befassen, und später auf die Ängste der Kinder eingehen.

## ICH HABE ANGST

*Schon während der Schwangerschaft macht sich Frau M. große Sorgen um das Wohlbefinden ihres Kindes. Sie tut alles, um dem Kind die beste physische und psychische Entwicklungsmöglichkeit zu geben. Wiederholt fragt sie sich, wie sie es bewältigen soll, wenn das Kind erst einmal geboren ist. Überall lauern Gefahren, dauernd muß man aufpassen, überall könnte das Kind runterfallen, sich anstecken oder verloren gehen. „Wie soll ich das nur schaffen?", fragt sich die junge Mutter.*

*Tina wird geboren, dauernd zugedeckt, behütet, gepflegt, umsorgt und nie aus den Augen gelassen. Sie wächst langsam auf. Kein Essen ist gut genug, kein Medikament sicher genug, kein Spielzeug natürlich genug, kein Spielplatz ungefährlich genug und kein Spielgefährte gesund genug. Überall und immer drohen Gefahren, wie soll man da unbeschwert und glücklich leben? Für Frau M. stellt das Kind eine große Belastung dar. Sie hat selten Zeit für sich, da sie sich ständig um das Kind kümmern muß. Oft ist sie unausgeglichen und gereizt, häufig reagiert sie aggressiv und macht sich dafür Vorwürfe. Es bildet sich ein Teufelskreis aus Angst, Wut und Schuldgefühlen.*

Für Tina gibt es zwei Entwicklungsmöglichkeiten. Entweder sie wird sich in die Angst der Mutter fügen und selbst ängstlich und scheu werden. Oder aber sie reagiert mit Protest und wird jeder Gefahr in die Arme laufen, nur um die Aufmerksamkeit der Mutter zu erhalten. Häufig werden beide Reaktionen kombiniert. Denn Kinder von überängstlichen Eltern entwickeln das Gefühl, daß ihnen nichts zugetraut wird, sie entwickeln ein mangelndes Selbstvertrauen. Um dieses Gefühl zu kompensieren, wenden sie sich erst recht großen Gefahren zu, um sich und der Welt zu beweisen, daß sie zu mehr in der Lage sind, als man ihnen zutraut.

Betrachten wir kurz die Freunde und Ärzte, die sich Frau M. ausgesucht hat. All ihre Freunde sind Menschen, die sie in ihrer Angst unterstützen, die Verständnis für ihre Sorgen aufbringen, und die ihr helfen, wenn sie verzweifelt ist. Die Ärzte, die sie für sich und ihr Kind auswählt, fördern ihre Angst, indem sie ihr Medikamente und Vorsorgemaßnahmen verschiedenster Art verschreiben. Sie halten ihre Angst aufrecht, indem sie diese als berechtigt erklären. Sobald Frau M. jedoch auf Menschen stößt, die ihre Angst als unbegründet betrachten und sie nicht in ihrer ängstlichen Haltung unterstützen, indem sie die Angst nicht teilen, wendet sie sich von ihnen enttäuscht ab, und erklärt diese Beziehungen als beendet. Ein Arzt, der die Symptome nicht ernst genug nimmt, wird sofort gewechselt.

Die typischen Ängste der Eltern drehen sich um Krankheiten, Unfälle, Verletzungen oder andere Unglücke, die ihren Kindern zustoßen könnten. Betrachten wir das Phänomen Angst in diesem Zusammenhang etwas genauer. Es ist eine negative Erwartungshaltung, der Glaube daran, daß etwas Schlimmes passieren könnte. Zunächst beginnt es mit der Angst, daß dem Kind etwas zustößt. Tritt dies ein, besteht die Angst, daß es etwas Schlimmes ist, und daraufhin, daß es ein schlimmes Ende nehmen könnte. Erholt sich das Kind wieder, fürchtet die Mutter in ängstlicher Erwartung die negativen Folgen oder ein wiederholtes Eintreten des Geschehnisses. Zur Vorbeugung gibt sie dem Kind verschiedene andere Medikamente, häufig homöopathischer Art, um das Immunsystem des

Kindes zu stärken. Das Vertrauen in die Selbstheilungskräfte des Kindes geht langsam völlig verloren. Angst geht also nie vorüber, sie ist immer da, sucht sich nur unterschiedliche Zielscheiben, worauf sie sich fixieren kann. Löst sich eine Zielscheibe als ungefährlich auf, wird eine neue gesucht. Denn die Haltung in dem ängstlichen Menschen bleibt. Ärzte, Lehrer, Psychologen und andere unterstützen die Eltern oft mit Aussagen wie „Das könnte gefährlich sein" oder „Da müssen Sie wirklich gut aufpassen" oder „Das kann der Entwicklung des Kindes sehr schaden". Nur wenige Berater/innen, die man aufsucht, reagieren mit Vertrauen und Zuversicht. Und selbst dann ist es für Eltern oft sehr problematisch, diesem Vertrauen zu folgen, da es erstens keine Sicherheit gibt und zweitens, ein großer Druck von Seiten der Verwandten, Großeltern, Freunde, Nachbarn und anderen herrscht, die eine Mutter, die nicht jede mögliche Methode zur Vorbeugung oder Heilung wählt, als „Rabenmutter" bezeichnen. Der Hintergrund und die Überlegungen, auf denen eine solche „unterlassene Hilfeleistung" entsteht, entgeht diesen scharfen Beobachtern meistens. Beispiele dafür sind eingeschränkter Impfschutz, homöopathische Heilmethoden, alternative Ernährungsmethoden, weniger Kontrolle und andere Heil- und Erziehungsmethoden, die für manche Eltern die eindeutig bessere Lösung darstellen. Und dies nicht, weil sie nachlässig sind, sondern weil sie sich gerade viele Gedanken um das Wohl ihrer Kinder gemacht haben. Dies zeigt also, daß die Reaktion der anderen kein Maßstab dafür sein darf, wie gut und fürsorglich jemand seine Kinder erzieht. Was der eine als Nachlässigkeit empfindet, mag dem anderen als ermutigendes Zutrauen erscheinen. Daher stellt sich nun die Frage, wie unterschieden werden kann zwischen Angst und Vorsicht.

## Angst oder Vorsicht?

Angst ist ein destruktives und lähmendes Gefühl, das sowohl den Ängstlichen als auch den, um den die Angst sich dreht, hindert, seine Kräfte konstruktiv einzusetzen. Der Ängstliche klagt über Belastung, Überforderung, Erschöpfung, Streß und Ermüdung. Diese wie auch andere unangenehme Gefühlszustände treten auf wegen der ständigen Sorge um das Kind. Sich dauernd Gedanken zu machen, ob dem Kind nun etwas zustößt oder nicht, ist furchtbar anstrengend. Dazu kommt der Kampf zwischen dem Elternteil und dem Kind, der sich dauernd darum dreht, daß das Kind etwas nicht machen darf, was es aber machen will, weil die Mutter oder der Vater Angst hat. Auch dieser ständige Kampf um verbotene Gefahren führt zu größter Erschöpfung.

Im Unterschied zu dieser Angst steht die Vorsicht. Sie ist ein Gefühl, das mit der Vernunft oder auch der gesunden Intuition übereinstimmt. Die Vorsicht glaubt nicht an den schlimmstmöglichen Ausgang aller Ereignisse, sondern vertraut auf das Kind und seinen Schutz. Sie bewahrt das Kind vor Gefahren, die es selbst noch nicht einschätzen kann, erlaubt ihm aber auch die Erkundung und Erforschung neuer Dinge, die ihm zur Entwicklung verhelfen. Vorsicht schränkt ein Kind nicht ein, sondern eröffnet ihm neue Möglichkeiten in einem sicheren Rahmen. Vorsicht ist nicht lähmend oder destruktiv, sondern befreiend und konstruktiv. Sie lehrt dem Kind nicht, Angst vor dem Leben zu haben, sondern das Leben innerhalb eines sicheren Rahmens auszuschöpfen.

Wie kann man nun erkennen, ob eine Reaktion aus Angst oder aus Vorsicht entsteht? An zwei Dingen kann man messen, aus welchem Gefühl heraus man gerade handelt: An der Reaktion des Kindes und an der eigenen Reaktion.

Am Beispiel des Überquerens der Straße sollen die unterschiedlichen Reaktionen des Kindes dargestellt werden. Nimmt man ein kleines Kind beim Überqueren der Straße an die Hand, wird es sich zwar wehren, die Vorsichtsmaßnahme aber akzeptieren. Versucht man jedoch, ein wesentlich älteres Kind fest an der Hand zu führen, wird es sich sträuben und um seine Eigenständigkeit kämpfen. Es weiß, daß es diese Aufgabe schon alleine meistern kann. Es kommt zu Spannungen und zu Gegenreaktionen. Das kleine Kind würde gerne schon groß sein, weiß aber, daß es nicht so ist. Darum trotzt es ein wenig, läßt die Führung dann aber zu. Es entsteht keine größere Spannung. Das ältere Kind jedoch fühlt sich in seinem Recht auf Selbständigkeit verletzt. Es spürt das Mißtrauen der Eltern und reagiert deswegen emotional. Jedes Elternteil kann, wenn es mit ruhigem Kopf nachdenkt, die Fähigkeiten seines Kindes einschätzen. Wer sein Kind genau beobachtet, weiß, was er seinem Kind zutrauen kann und an welchen Herausforderungen sein Kind sich entwickeln kann, aber auch, welche Gefahren das Kind überfordern. Viele der Erfahrungen, die das kleine Kind in ungefährlichem Maße macht, wie kleine Verletzungen, Stürze oder leichte Schmerzen, lehren das Kind, seine Umgebung realistisch einzuschätzen. Als Erwachsener kann ihm so manche große Überraschung erspart bleiben. Wird das Kind jedoch die ersten Lebensjahre immer in Watte gepackt, verläßt es sich auf die Ungefährlichkeit der Welt, und muß alle schmerzlichen Erfahrungen in vielleicht gesteigerter Größe als älteres Kind nachholen.

Noch deutlicher kann Angst von Vorsicht unterschieden werden, wenn man die eigene Reaktion genauer betrachtet und auf die auftretenden Emotionen hört. Der Körper reagiert anders auf dieses destruktive, panikartige Gefühl der Angst als auf ein Gefühl der Vorsicht. Die oben genannten Zustände der Belastung und Erschöpfung geben dem Ängstlichen das Gefühl, gestreßt zu sein. Jeder, der schon mal Angst gespürt hat, kennt das Gefühl, das sich dabei im Körper ausbreitet. Es ist ein unangenehmer Zustand, gemischt aus Hilflosigkeit, Sorge, Angst und Wut, der bei jeder Person etwas anders ist. Doch immer bleibt die Vernunft und die gesunde Intuition im Hintergrund, sie wird von der Angst beherrscht. Alles gute Zureden hilft nichts. Die Angst ist nicht zu besiegen, wenn sie überhandnimmt. Ganz anders sieht das Gefühl der Vorsicht aus. Die Vorsicht wird von der Vernunft und der gesunden Intuition geleitet. Eine Reaktion aus Vorsicht entsteht nicht, weil der Reagierende aufgrund seiner eigenen Geschichte vor bestimmten Dingen Panik hat, sondern weil es ihm aus vernünftigen Gründen wichtig erscheint, das Kind vor Gefahren zu schützen, die es selbst nicht einschätzen kann. Der Körper reagiert zwar alarmiert, vielleicht auch erschrocken – je nach Situation –, aber er ist ruhig und fest entschlossen. Eine ruhige, liebevolle und bestimmte Hand führt das Kind von der Gefahr weg, statt einer zitternden, ängstlichen und schimpfenden Hand. Eine Handlung oder Reaktion aus Vorsicht führt nicht zu Erschöpfung, sondern zu Zufriedenheit und Geborgenheit.

Wie geht man nun mit seiner Angst um, wenn man diese als unbegründet erkannt hat? Wenn die Einsicht nicht hilft, ist die Angst schon so groß, daß man nicht dagegen ankommt, da sie einen bestimmt. In diesem Fall hilft meist nur, die Quelle der Angst zu erkennen und an ihr zu arbeiten. Dafür kann auch fachliche Hilfe in Anspruch genommen werden.

Angst verliert auch ihre überproportionale Dimension, wenn sie in Furcht verwandelt werden kann, das heißt in eine Furcht vor etwas Konkretem, das mit einer bestimmten Gefahr verbunden wird. Die Furcht vor einem Tier oder vor einem Gebäude oder einem Ort lähmt nicht im alltäglichen Leben. Das Objekt der Furcht kann entweder vermieden oder die Furcht kann abtrainiert werden. Furcht überträgt sich nicht auf alle möglichen Alltagssituationen, sondern bleibt bei dem Objekt der Furcht.

Eine weitere Möglichkeit, um die Angst in den Griff zu bekommen, besteht darin, sich zunächst folgende Fragen zu stellen: Was bewirke ich mit meiner Angst? Wozu verhilft sie mir? Was erreiche ich damit? Welches unbewußte oder bewußte Ziel verfolge ich damit? Denn mit allem, was wir tun oder nicht tun, verfolgen wir ein Ziel. Dieses Ziel kann von verschiedenster Art sein. Der eine sucht mit seiner Angst die Aufmerksamkeit der anderen, der andere nach einer Rückzugsmöglichkeit, ein Dritter will durch seine Angst in seinen Mitmenschen Angst erzeugen. Erkennt man das Ziel seiner Angst, kann man sich entscheiden, dieses Ziel weiterhin durch seine Angstreaktionen zu verfolgen, oder aber einen anderen Weg einzuschlagen. Möglicherweise entscheidet man sich auch, ein anderes Ziel zu verfolgen. Wird dieser unbewußte Mechanismus erst einmal bewußt, ist es oft schwer, ihn weiterhin aufrechtzuerhalten. Es ist, als hätte man sich selbst „ertappt". Nun ist es möglich, die eigenen Spielregeln zu verändern.

## Angst und Gegenangst

Interessant ist an dieser Stelle noch die Reaktion des Partners oder der Partnerin auf die Angst des einen Elternteils. Die wenigsten Partner von ängstlichen Menschen haben selber Angst. Im Gegenteil können sie sich darauf verlassen, daß der andere fürsorglich und wachsam genug ist, sie können also ganz ruhig und gelassen bleiben. Sie brauchen keine Angst zu haben.

*Frau R. macht sich ganz furchtbare Sorgen um ihren Sohn, der an einer Krankheit erkrankt ist, die von den Ärzten nicht identifiziert werden kann. Sie berät sich mit vielen Ärzten, betrachtet regelmäßig die Symptome ihres Sohnes, und hat große Angst, daß es eine ernsthafte Erkrankung sein könnte und keine rechtzeitigen Maßnahmen ergriffen werden können, da die Diagnose nicht klar ist. In diesem Zustand der Ungewißheit und Angst vergehen zwei Wochen. Ihr Mann teilt zu Anfang ihre Angst. Auch er hat die Befürchtung, daß es sich um eine gefährliche Krankheit handeln könnte. Als er aber im Laufe der Tage bemerkt, wie besorgt und aufgeregt seine Frau ist und daß sie alle nur möglichen Maßnahmen ergreift, schwenkt er um und beginnt, gegen die Angst seiner Frau zu kämpfen. Er macht sie auf die Gefahren und Nebenwirkungen der konventionell ärztlichen Behandlung aufmerksam, stellt ihre Angst als übertrieben und unnötig dar und wirft ihr vor, dadurch die ganze Situation nur noch zu verschlimmern. Zusätzlich zu der unangenehmen Situation durch die Krankheit entstehen noch eheliche Spannungen. Die Mutter fühlt sich allein gelassen mit der Situation, und der Vater empfindet die übertriebenen Maßnahmen als schädlich für sein Kind.*

Stellen wir uns vor, die Mutter würde gelassen und ruhig mit der Situation umgehen, vielleicht sogar etwas nachlässig. Aller Wahrscheinlichkeit nach wäre es dann der Vater, der in Sorge und Panik alle Ärzte aufsuchen würde, um jede nur mögliche Maßnahme für seinen Sohn zu ergreifen. Es verhält sich wie auf einer Wippe. Ist der eine ängstlich und schwach, sitzt er auf dem leichten Ende der Wippe und wird nach oben gedrückt. Der andere kann dann der Starke und Gelassene sein und sitzt auf dem schweren Ende der Wippe. Er hält mit seinem Gewicht den Schwachen oben, welcher wiederum durch seine

Schwäche dem anderen erlaubt, schwer und stark zu bleiben. Sie sitzen fest. Um ins Gleichgewicht zu kommen, muß jeder ein wenig nachgeben, der Schwere muß etwas leichter werden, und der Leichte etwas schwerer. Dann kommt die Wippe in Bewegung.

In dem obigen Beispiel wird deutlich, wie ein Partner mit Leichtigkeit die Gegenposition einnehmen kann, wenn die Rolle des Ängstlichen schon besetzt ist. Er braucht sich keine Sorgen zu machen, denn er kann sich darauf verlassen, daß alles gut und sicher laufen wird. Er ruht sich auf der Ängstlichkeit des anderen aus, und stellt den Starken dar. Stark ist er aber nur nach außen, denn auch er hat Angst, nämlich die Angst, daß die Ängstlichkeit seiner Frau dem Kind schadet. Hätte er diese Angst nicht, würde er nicht so heftig reagieren, daß daraus Spannungen entstehen müssen. Er entwickelt eine Gegenangst.

Der offensichtlich Ängstliche gibt seinem Partner kaum eine Gelegenheit, sich für die Kinder einzusetzen, und seine Fürsorge zu zeigen, da schon alles geregelt wurde, bevor der andere überhaupt reagieren konnte. Die Gegenreaktion des Partners wird oft als Nachlässigkeit und Gleichgültigkeit aufgefaßt, ihm wird nicht vertraut. Tatsächlich handelt es sich um die Übernahme der Gegenrolle, also der anderen Seite der Wippe, nicht aber um wahre Gleichgültigkeit.

Wollte der Vater in dem obigen Beispiel die Mutter etwas beruhigen, weil er nicht an eine große Gefahr für seinen Sohn glaubt, würde ihm das sicher besser gelingen, wenn er ihre Maßnahmen unterstützen würde und ihr gleichzeitig zeigen würde, daß er volles Vertrauen hat, daß das Kind bald genesen wird. Hält er ihre Maßnahmen wirklich für schädlich, könnte er sich die Zeit nehmen, bessere auszuwählen und diese mit ihr abzusprechen, um sie gemeinsam durchzuführen. Damit würde er seiner Frau zeigen, daß er zwar besorgt und bemüht ist um das Kind, aber keine Gefahr fürchtet. Die Mutter würde sich unterstützt und erleichtert fühlen, und könnte vertrauensvoll einen Teil ihrer Angst loslassen und aufatmen. Hier gilt das alte Sprichwort: „Geteiltes Leid ist halbes Leid."

Zu berücksichtigen ist dabei auch noch die Seite des Kindes, das sich erst recht verunsichert fühlt, wenn es spürt, daß die Eltern gegeneinander kämpfen. Es kann sich entweder schuldig fühlen, Ursache eines ehelichen Konflikts geworden zu sein, oder es kann die vermehrte Aufmerksamkeit, die durch seine Krankheit entstanden ist, genießen, und dadurch seine Krankheit solange wie möglich aufrechterhalten wollen.

## Mein Kind hat Angst, weil ich Angst habe

*Frau L. hat Angst davor, abends alleine mit ihren Kindern zu Hause zu sein. Als ihr Mann wieder einmal verreist ist, erfaßt sie abends solch eine Panik, daß sie die Kinder ins Auto packt, und mit ihnen zu einer Freundin fährt, um bei dieser zu übernachten. Die Kinder im Auto zittern ebenfalls vor Angst und weinen. Sie kommen alle völlig verstört bei der Freundin an.*

*Daraufhin hat Frau L. noch mehr Angst, mit ihren Kindern alleine zu bleiben, weil sie glaubt, ihre Kinder hätten auch Angst und würden das „Alleinsein" nicht verkraften.*

Dies ist ein deutliches Beispiel dafür, wie sich viele der Ängste, die Eltern haben, auf die Kinder übertragen. Natürlich ist es nicht immer so offensichtlich wie in dem Beispiel von Frau L.

Spürt das Kind, daß seine Mutter Angst davor hat, abends alleine zu sein, übernimmt es diese Angst, weil es glaubt, daß diese notwendig und berechtigt ist. Es zittert, weil die Mutter zittert. Das Kind, das sich an der Mutter orientiert, kann nicht erkennen, daß die Angst der Mutter, rational gesehen, unberechtigt ist. Auch wenn es die Angst selber nicht spürt, übernimmt es das Gefühl von der Mutter. Das Kind kann von Natur aus keine Angst davor haben, mit der Mutter alleine zu sein. Viele Ängste entstehen erst im Laufe des Lebens. Je nachdem, welche Dinge wir erleben und wie wir diese verarbeiten und mit ihnen umgehen, führen sie dazu, daß wir Ängste entwickeln. Ein kleines Kind braucht meistens noch keine Angst zu haben. Es nimmt die Angst der Eltern auf und identifiziert sich damit.

Wenn die Mutter vor dem Kind zugibt, daß sie Angst hat und ihm gleichzeitig mitteilt, daß es zwar nicht nötig wäre, Angst zu haben, sie aber trotzdem Angst hat, weil das ihr Problem ist, entbindet sie das Kind von der „Verpflichtung", aus Loyalität zu seiner Mutter auch Angst haben zu müssen. Das Kind kann erkennen, daß diese Angst nicht objektiv notwendig, sondern eine Schwachstelle der Mutter ist. Möglicherweise kann es sich dann sogar stark darin fühlen, der Mutter zu helfen, ihre Angst zu überwinden. Es braucht selbst keine Angst aufzubauen. Dafür ist es notwendig, daß die Mutter mit ihrem Kind darüber spricht. Dem Kind tut es auch gut zu spüren, daß die Erwachsenen nicht immer vollkommen sind. So muß es nicht in allen Bereichen das Gefühl haben, total unterlegen zu sein. Es hat auch Gelegenheiten, seine Stärken auszuprobieren und zu zeigen. Perfekte Eltern können eher entmutigend sein, da das Kind glaubt, nach diesem hohen Ideal streben zu müssen.

Spricht die Mutter offen mit ihrem Kind, kann sie ihm im Laufe der Zeit auch den Unterschied zwischen Angst und Vorsicht beibringen. Statt lähmender Angst lernt das Kind wachsame Vorsicht. Dieses Gefühl ist dann nicht ein Gefühl der Hilflosigkeit, so wie die Angst, sondern gibt dem Kind ein Gefühl der Sicherheit. Durch Gespräche und Erfahrungen lernt das Kind, aufmerksam und offen dafür zu sein, daß es Situationen und Orte gibt, die gefährlich und daher zu vermeiden sind. Wenn diese Gespräche zwischen Eltern und Kind nicht von Gefühlen der Angst begleitet und emotional sind, sondern sachlich und ruhig verlaufen, braucht das Kind nicht zu trotzen und die Gefahr erst recht aufzusuchen, um den Eltern seine Stärke zu beweisen. Es braucht sich auch nicht in Angst und Panik in ein schüchternes Verhalten zurückzuziehen, um den Gefahren des Lebens aus dem Weg zu gehen. Es kann dem Leben offen und selbstsicher entgegentreten.

*Der alleinerziehende Herr S. fürchtet sich vor Spinnen. Als er eines abends in die Küche gehen will, sitzt da eine riesige Spinne auf der Spüle. Er schreit au, und verläßt die Küche. Nun wagt er es nicht, das Tier zu entfernen, möchte aber selbstverständlich nicht seines Abendessens beraubt bleiben. Also entschließt er sich, seinen Sohn zu rufen. Er sagt zu ihm: „Ich fürchte mich vor Spinnen, obwohl ich weiß, daß das unnötig ist. Spinnen sind keine schlimmen Tiere. Sie sind auch gar nicht gefährlich. Aber sie sind einfach mein schwacher Punkt. Ich weiß nicht warum. Kannst du mir bitte helfen, diese Spinne aus der Küche zu entfernen?" Zunächst zögert das Kind, da ihm nicht ganz wohl ist bei einer Sache, die sich selbst der Vater nicht traut. Als der Vater ihm aber Mut macht, geht er stolz und glücklich über das ihm entgegengebrachte Vertrauen in die Küche, stülpt ein Glas über die Spinne, schiebt ein Stück Pappkarton darunter und bringt die Spinne ins Freie.*

## SCHLANGEN, DUNKELHEIT UND GESPENSTER

*In der Schule erzählt die Lehrerin den Kindern fürchterliche Geschichten von Schlangen. Die Geschichten sind so beängstigend, daß der kleine Benjamin sie einfach nicht vergessen kann. Als er am Abend im Bett liegt, beginnt er sich zu fürchten. Er denkt an die bedrohlichen Schlangen und stellt sich vor, wie diese sich gerade unter seinem Bett breit machen. Er steigert sich in diesen Gedanken hinein... Voller Panik springt er auf und rennt zu seinen Eltern ins Bett. Sie gehen mit ihm in sein Kinderzimmer, schalten das Licht an und zeigen ihm, daß sich keine einzige Schlange unter seinem Bett befindet. Trotzdem fürchtet sich der kleine Junge und bittet darum, die Nacht im Elternbett verbringen zu dürfen. Die Eltern stimmen zu, und die Nacht vergeht.*

*Am nächsten Abend beginnt das Ganze von neuem, wieder fürchtet sich Benjamin vor den vermeintlichen Schlangen, wieder beweisen die Eltern, daß keine Schlangen da sind, wieder wird der Junge ins Elternbett gelassen.*

*Nachdem einige Nächte in dieser Art und Weise vergangen waren, entscheiden die Eltern, diesem Spiel ein Ende zu setzen. Als der Junge wieder mit seinen abendlichen Klagen ins Schlafzimmer kommt, sagen sie zu ihm: „Wir haben dir bereits oft genug gezeigt, daß keine Schlangen in deinem Kinderzimmer sind. Du weißt es also. Nun kannst du nicht mehr bei uns im Bett schlafen, also gehe bitte zurück in dein Bett."*

*Benjamin beschwert sich heftig. Als aber seine Eltern fest bleiben, geht er mürrisch in sein Zimmer zurück. Er legt sich in sein Bett und überlegt. „Wenn ich weiterhin Angst habe, muß ich die ganze Nacht in Panik verbringen, das wird die Hölle. Wenn ich aber noch mal nachschaue, ob da wirklich Schlangen sind, und, falls keine da sind, mich einfach schlafen lege, verbringe ich die Nacht sicher angenehmer." Er entscheidet sich für die zweite Alternative und überwindet seine Furcht.*

Diese wahre Geschichte berichtet ein Erwachsener aus seiner Kindheit. Sie zeigt, daß Kinder mit ihrer Furcht fertig werden können, wenn man ihnen die Gelegenheit dazu gibt. Zeigen Eltern ihren Kindern, daß sie ihnen vertrauen, und daß sie davon überzeugt sind, daß das Kind mit der Situation zurecht kommen kann, wird das Kind es auch schaffen. Die Eltern im Beispiel haben ihrem Sohn gezeigt, daß keine Schlangen im

Raum sind. Daraufhin haben sie ihn zwar ein paar Mal getröstet und ihm Verständnis entgegengebracht, dann aber eine Grenze gesetzt, und das Kind mit der Situation selbst fertig werden lassen. Das Kind kann sich entscheiden, ob es an seiner Panik festhalten will oder von ihr ablassen und eine ruhige Nacht verbringen will. Es lernt, für seine Gefühle Verantwortung zu tragen, statt andere dafür verantwortlich zu machen. Es wird nicht verwöhnt, indem die Eltern ihm jede beschwerliche Lage abnehmen, sondern ihm wird vertraut und damit etwas zugetraut. Dieses ihm entgegengebrachte Vertrauen stärkt sein Selbstvertrauen.

Kinder kennen von Natur aus keine Angst. Alle ihre Ängste werden im Laufe ihres Lebens gelernt. Wie im obigen Beispiel erzählen andere Menschen ihnen von bestimmten Dingen im Zusammenhang mit Angstgefühlen. Oder aber sie machen selbst schlechte Erfahrungen mit diesen Dingen. So gibt es verschiedene Sachen, vor denen Kinder sich fürchten. Meistens sind es konkrete Dinge wie Schlangen, Gespenster oder Spinnen, aber auch Zustände wie Dunkelheit oder Alleinsein. Je stärker die Eltern diese Ängste beachten und teilen, desto mehr geben sie ihrem Kind das Gefühl, daß seine Angst tatsächlich nötig ist. Das Kind wird dadurch verunsichert. Natürlich ist es wichtig, daß die ausgesprochenen oder gezeigten Ängste der Kinder von ihren Eltern ernst genommen und besprochen werden. Dafür müssen Eltern sie aber nicht teilen. Sie können dem Kind zeigen, daß sie zwar seine Angst verstehen, gleichzeitig aber wissen, daß die Situation nicht beängstigend ist und darum darauf vertrauen, daß das Kind damit zurecht kommt, für kurze Zeit mit der Hilfe der Eltern und dann allein. Denn das Kind kann seine Angst nur abbauen, wenn es mit dem Angstgegenstand konfrontiert wird und dadurch gezwungen ist, eine Strategie zur Überwindung der Angst zu entwickeln.

Dabei ist es wichtig zu unterscheiden, ob die geäußerten Ängste tatsächliche Hilferufe irgendeiner Art sind, z.b. wenn das Kind nicht zu Freunden mitgehen will, weil es vor dem Vater Angst hat, sollte dieser Angst nachgegangen werden, da eine Art der Belästigung vorliegen könnte. Andererseits könnte es dem Kind darum gehen, von den Eltern zusätzliche Aufmerksamkeit zu erhalten. Es muß also klar sein, daß kein wirklicher Anlaß zur Angst besteht, bevor Eltern ihr Kind ermutigen, mit der Situation alleine fertig zu werden.

Oft meinen Eltern, Kinder bekämen einen „psychischen Knacks", wenn sie unangenehmen Situationen ausgesetzt werden. Werden Kinder mit zu vielen Situationen konfrontiert, die ihre Kräfte überfordern, da sie mit ihnen nicht fertig werden können, kann dies tatsächlich später zu Schwierigkeiten führen. Wenn das Kind zusätzlich noch das Gefühl hat, keinem vertrauen zu können, kann dies sogar an Vernachlässigung grenzen. Wenn allerdings das Kind spürt, daß ihm vertraut und zugetraut wird, eine Situation, die zwar herausfordernd, aber nicht unbewältigbar ist, zu meistern, stärkt das nicht nur sein Selbstvertrauen, sondern gibt dem Kind die Kraft und den Mut, im späteren Leben Schwierigkeiten ins Auge zu schauen. Es hat dann bereits im frühen Alter Strategien entwickelt und gelernt, wie es mit schwierigen Situationen umgehen kann.

## MUT STATT ANGST

Eine ermutigende Erziehung vermittelt Mut statt Angst. Hier zeigen Eltern folgende Einstellung: „Ich glaube daran, daß du es schaffen wirst" oder „Ich freue mich, daß du dies so gut gemacht hast". Sie ermutigen oder loben das Kind aus einer aufrichtigen Überzeugung heraus. Ist diese Ermutigung ehrlich, ist sie ein spontanes Gefühl des Vertrauens oder des Lobes. Sie wird nicht geplant oder benutzt, um dem Kind ein gutes Gefühl zu geben.

Wird Ermutigung jedoch als Strategie verwendet, spürt das Kind es sofort, und wird dadurch eher entmutigt. Es bekommt das Gefühl, als sei es so bedürftig, daß es ermutigt werden muß. Die Kunst des Ermutigens ist also, dem anderen Mut zu machen, ohne daß dieser sich durch das Lob erniedrigt fühlt, weil er denkt: „Der andere ermutigt mich, weil er glaubt, daß ich es brauche."

Um eine ermutigende Haltung zu erreichen, muß man ganz ehrlich zu sich selbst sein. Das kann oft ein langwieriger Prozeß sein, bei dem man erkennt, weshalb und wodurch die eigene Ängstlichkeit und das eigene Mißtrauen entstanden sind und wozu man diese braucht und aufrechterhält.

# KAPITEL 3

# KINDER,
# DIE NICHT HÖREN WOLLEN

*Frau S. verbringt den späten Vormittag damit, für sich und ihre Tochter Anna das Mittagessen vorzubereiten. Heute gibt es Annas Lieblingsspeise: Spaghetti mit Tomatensauce. Anna spielt gerade mit ihren Freundinnen auf dem Hof. Als das Essen fertig ist, ruft Frau S. ihre Tochter: „Anna, das Essen ist fertig. Komm' bitte zu Tisch." Nichts passiert. Die Mutter ruft ein zweites Mal. Wieder keine Reaktion. Inzwischen wird Frau S. ungeduldig. Schließlich hat sie sich so viel Mühe gegeben, um Anna ein schönes Mahl zu bereiten, und dieser ist das völlig egal. Sie ruft noch einmal mit lauter Stimme und denkt sich: „So eine Unverschämtheit." Immer wütender schreit sie nach dem Kind.*

*In der Zwischenzeit tritt eine Nachbarin, die das Ganze beobachtet hat, zu Anna und fragt, weshalb sie denn nicht auf das Rufen der Mutter reagiere. Das Mädchen antwortet: „Die ruft sowieso noch ein paar Mal. Darum kann ich ruhig noch weiterspielen."*

Das Beispiel Annas zeigt, wie perfekt eingespielt unsere Spiele sind. Auf unbewußter Ebene weiß Anna genau, daß die Mutter noch oft rufen wird und nutzt dieses Wissen aus. Die Mutter wiederum erwartet gar nicht, daß Anna auf ihr erstes Rufen reagiert, sonst würde sie deren Nicht-Erscheinen ernst nehmen, es z.B. als Appetitlosigkeit deuten und selbst ihr Mittagessen einnehmen. Es ist sogar nicht auszuschließen, daß Frau S. verwundert wäre, wenn ihre Tochter rechtzeitig zu Tisch käme. Warum sollte sich Anna also beeilen? Ihr Essen ist ihr sowieso gesichert, und den Zeitpunkt kann sie auch bestimmen. Die Mutter kann also ruhig warten, so wie bisher.

Betrachten wir die Situation einmal genauer, um die Vorgänge besser zu verstehen.

Zunächst sollte noch einmal betont werden, daß dies ein fiktives Beispiel ist, das nur dazu dienen soll, bestimmte Dinge aufzuzeigen. Der Unterschied zur Realität besteht darin, daß Kinder diese Antworten nie bewußt geben würden. Meistens antworten Kinder auf „Warum?"-Fragen nicht, indem sie sich genau überlegen, was wohl der Grund sein könnte, sondern sie geben spontane Antworten. Wir können von unseren Kindern nicht erwarten, daß sie alle Prozesse, die in ihnen vorgehen, verstehen. Es ist allerdings unsere Aufgabe, genau die Fragen zu ergründen, die uns Aufschluß darüber geben, weshalb und wozu das Kind ein bestimmtes Verhalten aufweist. Es geht dabei nicht nur um die Frage nach der Ursache seines Verhaltens, sondern es geht darum herauszufinden, was sich auf der unsichtbaren Ebene beim Kind abspielt. Weshalb verhält es sich so, was will es damit erreichen, was erwartet es, welche unausgesprochenen Abmachungen kennt es bereits? Um etwas verändern zu können, müssen wir das Kind genau beobachten. Denn nur so finden wir heraus, was das Kind zu einer bestimmten Verhaltensweise bewegt.

Versetzen wir uns in die Rolle von Annas Mutter. Beginnen wir damit, uns zu überlegen, was eigentlich passiert, nachdem sie mehrere Male gerufen hat. Sie wird wütend. Was ist das für ein Gefühl? Wut ist ein Gefühl, das sicher jeder von uns aus bestimmten Situationen kennt. Die Mutter aus unserem Beispiel ist am Anfang noch nicht wütend. Erst im Laufe des wiederholten Rufens, das unbeantwortet bleibt, spürt sie, wie ihre Wut sich langsam aufbaut. Warum ist das so?

Je hilfloser wir uns fühlen, desto größer wird unsere Wut. Das passiert vor allem, wenn wir merken, daß jemand anderes nicht das macht, was wir gerne hätten. In der Situation, wo wir jemand anderen zu einem bestimmten Verhalten bewegen wollen (hier, zum Essen zu kommen), und gleichzeitig merken, daß dieser nicht auf diesen Aufruf hört, werden wir wütend. Für diese Wut kann es drei Beweggründe geben:

1) Ich hege die Hoffnung, daß ich beim anderen eine Verhaltensänderung bewirke, indem ich aggressiver werde. In diesem Fall gehe ich davon aus, daß der andere Angst vor meiner Aggression hat und daher auf meine Forderungen reagieren wird. Dadurch will er mich beruhigen oder seine eigenen Nerven schonen. Ich baue also auf die Angst des anderen.

2) Ich merke, daß der andere, hier das Kind, sowieso macht, was es will. Daher fühle ich mich unterlegen. Also reagiere ich wütend. Ich bestrafe oder beschimpfe das Kind und erreiche für mich ein Gefühl der Überlegenheit, indem ich das Kind erniedrige. So bringe ich mich mit Hilfe der Wut von einem Gefühl der Unterlegenheit in ein angenehmes Gefühl der Überlegenheit. Wer kann schon Situationen, in denen er sich unterlegen fühlt, lange ertragen?

3) Das Gefühl der Wut ist mir schon in meiner Kindheit oft begegnet. Früher war ich häufig wütend, weil ich mich nicht ernst genommen gefühlt habe. Ich bin dieses Gefühl also gewöhnt und fühle mich bei diesem Gefühlszustand „zu Hause". Daher führe ich ihn immer wieder herbei und bestätige mir so, daß mich sowieso keiner ernst nimmt. Wie immer!

Normalerweise erreichen wir immer etwas durch unsere Wut, wir verfolgen ein ganz bestimmtes Ziel damit. Sobald das

Kind sich von unserer Wut einschüchtern läßt, sind wir überlegen. Doch heute sind viele Kinder gleichgültig gegenüber Wutausbrüchen, Strafen und Beschimpfungen. Das macht uns machtlos. Verlieren wir unsere Autorität? Sollten wir unsere Wut noch etwas steigern, um das Kind zum Gehorsam zu zwingen? Oder gibt es noch einen anderen Weg? Die Entscheidung liegt bei uns.

## ANSTELLE VON WUT, MACHT UND OHNMACHT

Spielen wir nun einmal folgende Alternative durch. Was würde passieren, wenn Frau S. nur einmal rufen würde, lediglich um das Kind zu informieren, daß das Essen bereit steht? Die meisten Eltern reagieren auf diese Frage mit der Gegenfrage: „Und was ist, wenn das Kind dann nicht kommt?" Tatsächlich ist das wahrscheinlich das erste, was passieren würde. Anna würde nicht kommen. Schauen wir uns diesen Fall nun näher an und betrachten wir, was bei der Mutter und beim Kind geschieht.

Die Mutter ruft ihr Kind einmal, und es reagiert nicht. Dann fühlt sie sich entweder in ihrer Autorität verletzt, weil sie schon als Kind gelernt hat, daß man seinen Eltern unbedingt gehorchen muß. Oder sie ist enttäuscht von dem fehlgeschlagenen Versuch einer neuen Erziehungsmethode und fühlt sich als Versagerin. Sie ist gekränkt oder tut sich selbst leid, weil doch alles hoffnungslos ist. Vielleicht wird sie auch einfach nur wütend und greift auf ihre alte Erziehungsmethode und das damit verbundene wiederholte Geschrei zurück.

Es gibt viele Alternativen, wie sie reagieren könnte. Jede dieser Alternativen hängt von der Persönlichkeit und Geschichte der Mutter ab. Schauen wir uns jetzt die Seite des Kindes an.

Beim Kind wird zunächst sicherlich nichts passieren. Das Kind ist daran gewöhnt, daß es einige Male des Rufens abwarten kann, bis es reagieren muß. Wahrscheinlich nimmt es das einmalige Rufen der Mutter gar nicht ernst. Dazu muß bemerkt werden, daß Kinder im allgemeinen ihre Eltern heutzutage immer weniger ernst nehmen, was zum großen Teil daran liegt, daß sich die Eltern selbst nicht ernst nehmen. Denn Eltern, die zu ihren eigenen Problemen stehen können, zeigen, daß sie auch sich selber wichtig nehmen. Eltern allerdings, die Probleme haben, aber meinen, diese vor den Kindern verstecken zu müssen, wirken unglaubwürdig. Jedes Kind merkt, wenn mit seinen Eltern etwas nicht stimmt.

Wie geht es weiter? Das Kind wartet auf ein zweites Rufen und reagiert deshalb nicht. Da die Mutter aber das Kind herbeiholen will, ruft sie wahrscheinlich also doch ein zweites und ein drittes Mal. Das Spiel geht von vorne los bis das Kind endlich erscheint. Da das Kind nur diese Spielregeln gelernt hat, wird es die Mutter immer wieder dazu bringen, in dieses Spiel miteinzusteigen. Denn sobald es nach einmaligem Rufen nicht erscheint, greift die Mutter wieder zur früheren Technik.

Das heißt, selbst wenn wir bereit wären, etwas an unserem Verhalten zu ändern, würden wir immer wieder in die alten Muster zurückfallen, weil unsere Kinder diese schon so stark verinnerlicht haben und damit Macht ausüben können.

Wie kommt man also aus diesem Teufelskreis heraus? Die Mutter muß aufpassen, daß sie nicht in das alte System zurückgezogen wird, indem sie *wiederholt konsequent* anders handelt. Voraussetzungen dafür sind allerdings, daß sie die Notwendigkeit dieser neuen Verhaltensweise einsieht und daß sie bereit ist, an sich zu arbeiten, um das einmalige Rufen durchzuhalten. Das heißt, sie müßte sich damit befassen, worin eigentlich die Schwierigkeit liegt, beziehungsweise warum sie es nicht bei dem einmaligen Rufen belassen kann. Erst, wenn sie das verstanden und für sich geklärt hat, kann sie dabei bleiben, die neue Methode konsequent durchzuführen.

Was passiert, wenn sie konsequent nur einmal ruft? Wenn sie sich zu dieser Entscheidung durchgerungen hat und dabei bleibt, wird sie sich zufriedener und gelassener fühlen. Ihr Kind hat sie nicht mehr in der Hand, sondern sie hat sich selbst im Griff.

Was wird dabei beim Kind ausgelöst? Sicherlich wird es die Einstellung, die die Mutter zu sich selber hat, bemerken und somit auch ihre Person mehr respektieren. Denn sie wirkt ausgeglichener und harmonischer. Nach einiger Zeit wird das Kind fühlen, daß ihm Vertrauen geschenkt wird. Es kann selbst entscheiden, ob es zu Tisch kommen möchte oder nicht. Möglicherweise hat es wirklich noch eine wichtige Angelegenheit mit seinen Kameraden zu klären und kann daher nicht sofort kommen. Seine Entscheidung wird von den Eltern respektiert. Allerdings muß es auch die Konsequenzen seines Verhaltens selbst tragen. Das bedeutet in diesem Beispiel, daß es sein Problem ist, wenn es zu spät kommt und es kein Essen mehr gibt. Das Kind trägt also Verantwortung über seine Entscheidung und über deren Konsequenz. Bald wird es merken, daß es durch sein Nichterscheinen nach der ersten Aufforderung, nicht seinen Eltern, sondern hauptsächlich sich selber Schaden zufügt.

Um ein System wirklich zu verändern, brauchen *wir konsequente Handlungen*. Was das wirklich bedeutet und welche Hindernisse es dabei gibt, soll im nächsten Kapitel aufgezeigt werden.

# KAPITEL 4

# WER NICHT HÖREN WILL, MUSS FÜHLEN?

*„Mein Kind macht mit mir, was es will. Es kommt nach Hause, wann es will, es benimmt sich, wie es will, es hört überhaupt nicht auf mich. Und wenn ich es dann bestrafe, tut es mir nachher immer so leid, daß ich mir richtig schlecht vorkomme. Lieber lasse ich zu, daß es mir auf der Nase herumtanzt, als daß ich mir ansehen muß, wie es wegen mir leidet. Irgendwas stimmt da nicht mehr."*

Möglicherweise ist es weder nötig, brutal zu strafen noch sich beherrschen zu lassen, um ein gutes und entspanntes Verhältnis zu seinen Kindern zu haben. Einige Wege dazu sollen im folgenden dargestellt werden.

## KONSEQUENTES HANDELN

Eine wichtige Voraussetzung, um überhaupt konsequent handeln zu können, ist, daß wir das tun, was wir für richtig halten und dann dazu stehen. Das bedeutet, wir sind überzeugt von dem Weg, den wir eingeschlagen haben und stellen ihn nicht dauernd in Frage, zumindest bis die Handlung beendet ist. Danach können wir natürlich überlegen, ob es der richtige Weg war und was wir beim nächsten Mal besser machen würden.

Was bedeutet also konsequentes Handeln? Konsequentes Handeln ist folgerichtiges Handeln. Das heißt, ich folge dem, was ich angekündigt habe. Wenn ich also im vorherigen Beispiel zu Anna sage: „Wir essen jetzt", dann muß ich es auch tun, unabhängig davon, ob sie erscheint oder nicht. Indem ich sie aber noch mehrmals rufe und auf sie warte, mache ich mich unglaubwürdig. Ich bin also dann konsequent zu mir selbst und zu meinem Kind, wenn ich das, was ich sage, auch wirklich durchführe. Damit stelle ich meine Vorgehensweise nicht ständig in Frage. Inkonsequente Menschen sind meistens solche, die viel grübeln und ständig alles neu überdenken. Sie wollen alles verbessern und perfekt handeln. Diese Verhaltensweisen können schnell zu Hindernissen für konsequentes Handeln werden. Denn es ist zwar wichtig zu überlegen, wie man sich am besten verhalten soll, aber das darf nicht im Verlauf der Handlung geschehen, da sonst die Konsequenz durchbrochen wird und das Kind die Handlung und den, der sie durchführt, nicht mehr ernst nimmt. Nach Beendigung der Handlung können Überlegungen sehr nützlich sein, wenn sie dazu führen, das Geschehene zu bewerten, um möglicherweise die Strategie zu verändern.

Warum sollen wir überhaupt konsequent handeln? Konsequentes Handeln schafft Sicherheit und gibt Orientierung. Das Kind weiß, woran es ist. Es weiß, was es zu erwarten hat und daß es sich auf die Aussagen und Versprechungen der Eltern verlassen kann. Selbst, wenn es unangenehme Dinge sind, ist solch ein Zustand der Ordnung für ein Kind angenehmer als eine unsichere Situation. Ordnung ist sehr wichtig für die Erziehung. Durch sie werden klare Verhältnisse geschaffen. Das Kind weiß, was die Eltern sagen, zählt und kann sich so auf sie und auf ihr Wort verlassen. Die Eltern wirken glaubwürdig und vertrauenswürdig. Glaubwürdigkeit und Konsequenz in der Handlung sind sehr eng miteinander verbunden.

Kommen wir noch einmal zurück zum Beispiel Annas. Wir handeln also konsequent und beginnen mit dem Essen, so wie angekündigt. Wir haben einmal gerufen, und Anna hat sich offensichtlich dazu entschieden, nichts essen zu wollen. Also respektieren wir diese Entscheidung und essen ohne sie. Kommt sie aber später und will doch etwas essen, tritt ein neues Problem auf. Hier müssen wir nämlich „logisch konsequent" handeln.

## LOGISCH KONSEQUENTES HANDELN

Eine logische Konsequenz ist die natürliche, sich selbst ergebende Abfolge von Ereignissen oder Sachverhalten. Wenn wir nichts essen, bleiben wir hungrig. Wenn wir uns nicht warm genug anziehen, frieren wir. Die Entscheidung liegt bei uns, ob wir etwas essen oder hungrig bleiben, ob wir uns wärmer anziehen oder frieren wollen.

Im Beispiel Annas würde das also bedeuten, daß wir, um konsequent zu sein, nach dem ersten Rufen mit dem Essen beginnen. Eine logische Konsequenz ihres Verhaltens wäre dann, daß sie auch zu einem späteren Zeitpunkt dieses Mittagessen nicht mehr nachholen kann. Sie hat sich entschieden, nicht zum Essen zu kommen, also muß sie auch die natürliche Folge, nämlich das Hungrigbleiben, ertragen. Nur so kann sie beim nächsten Mal den Ernst des Essensrufes erkennen. Übrigens brauchen die Folgen nicht schon vorher von den Eltern angekündigt zu werden, sonst wirken sie wie Drohungen. Drohen können nur Machtpersonen, und gerade dieses Machtverhältnis möchten wir vermeiden. Die Kinder merken die Folgen selber, auch ohne Vorankündigung.

## DAS PERSÖNLICHE PROBLEM
## MIT DER LOGISCHEN KONSEQUENZ

Als Eltern fällt es uns oft schwer, eine natürliche Folge eintreten zu lassen, da wir unsere Kinder nicht mit unangenehmen Situationen konfrontieren wollen. Damit die Kinder nicht verhungern müssen, können sie zu jeder Tages- und Nachtzeit noch etwas zu essen haben, auch wenn die Mahlzeit schon längst vorbei ist oder verpaßt wurde. Um die Kinder nicht frieren zu lassen, gehen wir lieber auf lange Kämpfe und nervenaufreibende Diskussionen ein, um die Kinder dazu zu bewegen, eine dicke Jacke anzuziehen.

Warum dürfen Kinder nicht einmal selbst erfahren, was es bedeutet zu hungern oder zu frieren? Warum dürfen sie nicht selbst aktiv werden und sich etwas zum Essen oder zum Anziehen holen, wenn sie es brauchen? Warum haben wir Angst, schlechte Eltern zu sein, wenn unsere Kinder sich eine Zeitlang nicht wohl fühlen, obwohl sie sich dafür entschieden haben?

Unser Problem als Eltern ist, daß wir unseren Kindern das Leben so angenehm wie möglich gestalten wollen. Typische Aussagen vieler Eltern bestätigen dies:

*„Ich will nicht, daß es meinem Kind schlecht geht."*
*„Wenn mein Kind leidet, leide ich auch."*
*„Im Leben wird es noch genug Schwierigkeiten erfahren, deshalb soll sein Leben wenigstens jetzt noch so angenehm wie möglich sein."*
*„Ich will nicht, daß mein Kind eine so schwere Kindheit hat wie ich sie hatte."*

*„Mein Kind tut mir leid. In dieser Welt zu leben ist wirklich nicht leicht. Da soll es wenigstens von zu Hause viel Liebe und Fürsorge bekommen."*

Sätze wie diese zeigen, daß es sehr verschiedene Gründe geben kann, weshalb Eltern es ihren Kindern so leicht wie möglich machen wollen. Wir alle tragen die Erlebnisse aus unserer Vergangenheit mit uns herum. Diese Erfahrungen übertragen wir, falls wir sie nicht bearbeitet haben, auf unsere Kinder. Wenn wir als Kind selbst nie gelitten haben, können wir unsere Kinder nicht leiden sehen. Und gerade, wenn wir als Kind sehr viel gelitten haben, möchten wir das unseren Kindern nicht zumuten. Also müssen wir uns immer fragen, wo eigentlich unsere eigenen Anteile an der Beziehung zu unserem Kind liegen. Schützen wir unser Kind, weil wir in Wirklichkeit das kleine Kind in uns schützen wollen?

Einen größeren Gefallen täten wir unseren Kindern, wenn wir ihnen die Gelegenheit geben würden, die Konsequenzen ihres Verhaltens selbst zu spüren. Nur so können sie lernen, sich für ihre Taten selbst verantwortlich zu fühlen, statt andere für alles verantwortlich zu machen. Als Erwachsene werden sie dann in der Lage sein, sich selber um ihr Glück zu kümmern und nicht auf die rettende Hand eines anderen warten. Andererseits werden sie nicht hoffnungslos, weil sie anderen die Schuld für ihr Unglück in die Schuhe schieben und sich dadurch hilflos und ausgeliefert fühlen.

Eine Konsequenz braucht keine Drohung und auch keine Predigt zu sein, sondern sie ist eine klare Handlung. Taten sind viel wirksamer als Worte. Diese Handlung kann entweder die natürliche Folge des Verhaltens sein, z.B. das Essen zu einem späteren Zeitpunkt nicht mehr zu servieren, oder eine logische Folge, die der Erzieher sich ausdenkt, z.B. nach verspätetem

Heimkommen keine Ausgangserlaubnis für den nächsten Tag zu erteilen. Dafür ist es wichtig, daß die Konsequenz eine mit dem Verhalten in Zusammenhang stehende Folge ist, und nicht eine willkürliche Strafe. Je weniger darüber diskutiert wird, desto klarer ist dies für das Kind.

# KAPITEL 5

# ERSCHÖPFTE ELTERN
# VON MUNTEREN KINDERN

*Endlich ist es Abend geworden. Frau F. ist froh, daß die Kinder schlafen und sie sich auf ihr Buch konzentrieren kann. Den ganzen Tag hat sie sich nur um die Kinder gekümmert und erst jetzt hat sie Zeit für sich. Gemütlich setzt sie sich in den Sessel und nimmt das Buch in die Hand. Sie hat noch nicht die erste Seite aufgeschlagen, da schreit die zweijährige Sandra: „Mama, Mama!" Eilig geht Frau F. in das Kinderzimmer, um nach dem Rechten zu sehen. Sandra steht im Bett und weint. Der Grund ist nicht erkennbar. Also nimmt sie Sandra in die Arme, tröstet sie, singt ihr ein Lied vor und geht mit ihr im Zimmer auf und ab. Als sich das Mädchen beruhigt hat, legt sie es ins Bett und wartet bis es eingeschlafen ist. Dann geht sie zurück ins Wohnzimmer, um ihr Buch zu lesen.*

*Es sind noch keine fünfzehn Minuten vergangen, da weint Sandra wieder. Die Mutter springt auf und geht erneut ins Zimmer, um sie zu trösten. Kaum, daß sie sich wieder in den Sessel gesetzt hat, beginnt die Tochter schon wieder mit dem Schreien und ruft nach der Mutter. Frau F. beginnt sich zu ärgern. Eigentlich wollte sie den Abend genießen, doch als gute Mutter kann sie ihr Kind doch nicht einfach weinen lassen. Es könnte sich einsam fühlen oder Angst haben. Sie denkt: „Ich kann mein Kind doch nicht alleine lassen" und geht zum dritten Mal in das Kinderzimmer.*

Heißt diese letzte Aussage in Wirklichkeit vielleicht: „Ich kann *mich* doch nicht alleine lassen?" Was ist der Grund dafür, daß wir, obwohl wir keine Lust mehr haben, trotzdem unsere Kinder mit ihrem Weinen nicht alleine lassen wollen? Sind wir in unserer eigenen Kindheit entweder zu viel oder zu wenig alleine gelassen worden? In beiden Fällen haben wir nicht gelernt, daß ein gesundes Maß an Einsamkeit für ein Kind sehr wichtig sein kann. Denn jedes Kind muß lernen, mit der Tatsache umzugehen, daß es manchmal alleine sein muß. Später im Leben wird es auch nicht immer von Menschen umgeben sein können. Ein Kind, welches das nicht lernt, wird als Erwachsener oft von anderen Menschen enttäuscht werden, da es nie auf sich gestellt und unabhängig sein kann. Diese Menschen sind später oft depressiv oder unglücklich, sie ziehen sich zurück und kommen mit der Welt nicht zurecht. Wer nicht mit sich selbst froh sein kann, schränkt auch häufig seinen Partner ein, was für eine gleichwertige Partnerschaft nicht förderlich ist. Es ist also trügerisch zu glauben, daß man Kinder vor dem Alleinsein verschonen sollte, da sie diesem später ohnehin begegnen werden. Im Gegenteil sind gerade die immer beschützten Kinder auf diese Situationen am wenigsten vorbereitet und leiden dann umso mehr.

Damit soll natürlich nicht gemeint sein, daß wir unsere Kinder lieblos behandeln und nur mit den schwierigsten Lebenssituationen konfrontieren sollen. Kinder brauchen viel Wärme, Geborgenheit und Sicherheit. Aber genauso brauchen sie das Gefühl, daß ihnen vertraut wird und daß sie für sich verantwortlich sind. Wie in allen Dingen zählt auch hier das rechte Maß. Wir sollten uns bemühen, unsere Kinder nicht vor Schwierigkeiten zu verschonen. Dabei dürfen wir sie aber auch nicht überfordern, indem wir sie solchen Situationen aussetzen, die für sie nicht bewältigbar sind, wie zum Beispiel Gefahren oder starke Schmerzen.

Für Kinder ist es sehr wichtig, daß sie in der frühen Kindheit ein Urvertrauen entwickeln. Das heißt, daß sie sich darauf verlassen können, daß die Eltern sie immer lieben und immer für sie da sind, wenn sie Hilfe brauchen. Aber es ist nicht nötig, daß die Kinder sich darauf verlassen können, daß die Eltern zu jedem erdenklichen Zeitpunkt für sie da sind, um die Kinder zu bedienen. Sonst wird statt Urvertrauen ein hohes Maß an schädlicher Verwöhnung vermittelt. Sehen Kinder, daß die Eltern auch ihre eigenen Bedürfnisse nach Ruhe oder Schlaf berücksichtigen, lernen auch sie, auf ihre Eltern und auf sich selbst Rücksicht zu nehmen. Der Maßstab für eine gesunde Liebe ist die Qualität der Anwesenheit, nicht die Quantität. Eltern, die immer für ihre Kinder da sind, sind oft gestreßt und entnervt und damit nie wirklich da.

Ein weiterer Aspekt darf nicht übersehen werden. Viele Eltern möchten gerne glauben, daß ihre Kinder sie ständig brauchen, nicht weil sie das Beste für ihre Kinder wollen, sondern, weil sie das Gefühl brauchen, gebraucht zu werden. Wenn zum Beispiel eine Mutter das Empfinden hat, daß sie gebraucht wird, fühlt sie sich wertvoll. So glauben viele Mütter, daß ihre Kinder nur von ihnen zu Bett oder in den Kindergarten gebracht werden können. Die Kinder wissen genau, daß ihre Mütter nur darauf warten, daß sie nach ihnen schreien und nutzen diese Macht über ihre Mütter, indem sie immer nach ihnen verlangen. Diese gleichen Mütter beklagen sich dann, daß ihre Kinder sie voll im Griff haben.

Sicher gibt es viele Wege, um sich aus dieser „Sklaverei" zu befreien. Die Prozesse, die sich bei Eltern und Kind abspielen, zu erkennen, ist dabei der erste Schritt. Außerordentlich wichtig erscheint uns aber auch, daß die Eltern, vor allem die Mütter, lernen, mehr für sich zu tun. Damit ist kein selbstsüchtiges Verhalten, sondern eine gesunde Einstellung zu sich selbst gemeint. Wer es von Zeit zu Zeit schafft, zu dem fordernden Kind zu sagen: „Ich habe gerade keine Zeit für dich, denn ich bin mit etwas anderem beschäftigt, was mir wichtig ist", zeigt, daß er sich selber ernst nimmt und respektiert. Er wird dann auch vom Kind mit mehr Achtung behandelt. Außerdem lernt das Kind durch solch ein Verhalten, sich selbst zu schätzen und für sich zu sorgen. Das ist das beste Rüstzeug, um ein glücklicher Mensch zu werden.

## Dürfen Kinder weinen?

Großes Mitleid bei den Eltern erregt auch der Säugling, der durch sein herzerweichendes Weinen Mütter und Väter dazu bewegen kann, ihm konstante Aufmerksamkeit zu schenken. „Das arme, hilflose Ding soll doch nicht so viel weinen müssen." Für uns ist es selbstverständlich, daß Weinen Traurigkeit oder Schmerz bedeutet und daher verhindert werden muß. Es wurde bereits dargelegt, daß Traurigkeit oder Schmerz nicht immer verhindert werden muß, da das Kind davon profitieren kann zu lernen, mit diesen Gefühlszuständen alleine fertig zu werden. Jetzt soll noch gezeigt werden, daß Weinen nicht immer mit negativen Gefühlen verbunden sein muß.

Weinen ist die einzige Art, wie Säuglinge kommunizieren können. So teilen sie sich mit und senden Signale aus. Es kann vier Möglichkeiten geben, diese Signale zu deuten und darauf zu reagieren:

1) Das Kind hat Hunger oder empfindet Schmerzen und braucht Hilfe. Aufmerksame Eltern können dieses Zeichen erkennen und sollten entsprechende Maßnahmen ergreifen.

Nach einer Weile der Behandlung ist es wichtig einzusehen, daß das Kind mit seinen übrig gebliebenen Schmerzen selber fertig werden muß. Es braucht Zeit, um zu heilen. Versucht man, dem Kind jeden Schmerz abzunehmen und es konstant zu begleiten, kann es passieren, daß das Kind seine Krankheit aufrechterhält, da sie ihm viel Aufmerksamkeit einbringt. Viele Krankheiten entstehen nur, um die Zuwendung und Fürsorge der Eltern zu gewinnen (z.B. Erkältungen).

2) Das Kind fühlt sich nicht wohl, aber hat schon alle mögliche Hilfe erhalten. Jetzt braucht es das Weinen, um sich zu erleichtern. Hier kann das Weinen selbst schon heilsam sein. In diesem Falle sollten Eltern versuchen, das Kind in Ruhe zu lassen und ihm sein Weinen zu erlauben.

3) Das Kind hat kein Problem, sondern teilt sich einfach nur mit oder gibt sich zu erkennen. Solch ein Weinen darf nicht als Leiden gedeutet werden. Wenn die Eltern Zeit und Lust haben, können sie sich mit dem Kind beschäftigen und ihm Aufmerksamkeit und Zuwendung schenken. Wichtig ist dabei, daß sie sich nicht unter Druck setzen lassen, und nicht immer zur Verfügung stehen, wenn das Kind gerade Lust auf Beschäftigung hat, sonst wird das Kind verwöhnt und früher oder später enttäuscht.

4) Das Kind hat gelernt, daß es durch sein Weinen zu jeder Zeit die Aufmerksamkeit und Zuwendung der Eltern bekommen kann. Es nutzt diese Strategie, wenn es etwas erreichen will oder Langeweile hat. Die Eltern sind besorgt und geben dem Kind, was es will. Um diesen Kreislauf zu durchbrechen, müssen die Eltern konsequent jede Reaktion auf überflüssiges Weinen vermeiden.

Insgesamt ist es wichtig, die Signale des Kindes ernst zu nehmen und ihre Ursache zu deuten. Doch dabei sollten wir die Tränen nicht tröstend beseitigen, indem wir Dinge sagen wie „Wein' doch nicht", sondern es zulassen, daß das Kind seine Tränen in diesem Moment braucht. Wir sind es, die Weinen ausschließlich als Zeichen der Trauer oder des Schmerzes interpretieren, weil wir es so gelernt haben und weil wir uns selbst vielleicht nicht gestatten zu weinen. Wir haben Angst vor unseren eigenen Tränen, weil wir sie selten als heilsam, sondern meistens als bedrohlich empfinden. So übertragen wir unsere eigenen Anteile auf das Kind. In Wirklichkeit können viele Kommunikationsinhalte hinter dem Weinen stecken, derer wir uns oft nicht bewußt sind.

Richtig wäre es also, nicht gleich zu springen, wenn das Kind weint, sondern zunächst zu überlegen, was das Kind mit dem Weinen gerade erreichen will. Wenn kein akutes Problem vorliegt, nutzt es das Weinen als Waffe, um unser Mitleid zu erregen. Dies sollten wir nicht zulassen, sondern dem Kind klar machen, daß es ruhig weinen darf, uns damit aber nicht um den Finger wickeln kann. Ziemlich bald wird es merken, daß es für sein Verhalten selbst verantwortlich ist und sich entscheiden kann, damit aufzuhören. Der Sinn des Weinens, nämlich bedient zu werden, wird nicht mehr erfüllt. Und selbst, wenn das Kind ein Problem hat, dürfen wir uns von ihm nicht ausnutzen lassen, um nicht zuzulassen, daß es lernt, das Weinen als Waffe zu benutzen. Viele Menschen wollen sogar im Erwachsenenalter durch ihr Weinen ihre Mitmenschen für sich gewinnen.

All dies erfordert unsere Bereitschaft zuzulassen, daß das Kind weint, daß es alleine bleibt oder daß es in einer ihm unangenehmen Situation ist. Zugleich erfordert es, daß wir auch etwas für uns tun, uns selbst respektieren und uns nicht wie Sklaven unserer Kinder verhalten. Ausgeglichene Eltern und selbstverantwortliche Kinder können ein freundschaftlicheres Verhältnis zueinander aufbauen als entnervte Eltern und verwöhnte, tyrannisierende Kinder.

Die vielleicht größte Herausforderung ist jedoch, stark und konsequent in seinem Prinzip zu bleiben, auch wenn dieses von Nachbarn, Verwandten oder anderen Mitmenschen verachtet wird. Die Gesellschaft, in der wir leben, ist schnell dabei, andere in ihren Erziehungsmethoden zu verurteilen. Doch diese Gesellschaft sollte nicht als Maßstab genommen werden. Denn der einzige Weg, um den wahren Maßstab zu finden, ist die eigene Erkenntnis.

# Kapitel 6

# Essen, Schlafen und andere heikle Themen im Kindesalter

*Lisa soll zu Mittag essen. Sie weigert sich jedoch mit Händen und Füßen, das ihr vorgelegte Gemüse in den Mund zu nehmen. Die Mutter wendet alle möglichen Tricks an, sie versucht es mit Argumenten, Spielen, Drohungen und Versprechungen. Nichts hilft. Lisas Mund ist und bleibt geschlossen. Die Mutter ist verzweifelt und denkt: „Das arme Kind wird noch krank werden!" Also entschließt sie sich, die Tochter zu fragen, was diese gerne essen würde. Lisa verlangt Spaghetti ohne Soße. Also eilt die Mutter, um ihrer Tochter das gewünschte Essen zu bereiten. Schließlich kann sie ja nicht zusehen, wie ihr eigenes Kind verhungert.*

In diesem Beispiel fehlt nicht nur die Konsequenz, auf die bereits ausführlich in einem der vorangegangenen Kapitel eingegangen wurde. Deutlich ist auch, daß die Tochter ihre Mutter voll in der Hand hat. Sie übt mit dem Essen beziehungsweise dem Nicht-Essen Macht auf ihre Mutter aus. Für die Mutter ist das Essen ein wunder Punkt, darum läßt sie sich darauf ein, verwendet viel Kraft und Energie auf dieses Thema und erfüllt ihrer Tochter letztendlich ihren Wunsch nach ihrem ungesunden Lieblingsessen.

Essen, Schlafen, auf Toilette gehen und Lernen – eines haben diese Themen gemeinsam: Sie können nicht erzwungen werden. Kein Mensch kann einen anderen Menschen zwingen zu essen, zu schlafen, auf die Toilette zu gehen oder zu lernen. Gerade deswegen sind genau dies die Themen, mit denen Kinder am meisten Macht auf ihre Eltern ausüben können.

Betrachten wir zunächst die Schwierigkeiten, die im Zusammenhang mit dem Essen entstehen, etwas genauer.

Es beginnt schon mit dem Stillverhalten der Mutter. Dieses sagt bereits viel über ihre Einstellung zum Essen aus. Die Ruhe, mit der gestillt wird, die Regelmäßigkeit oder auch die Länge des Stillens können sich im späteren Eßverhalten fortsetzen. Ebenso auch die panische Angst, ob das Kind auch genügend gegessen hat. „Hat es genug Milch getrunken?" wird zu „Hat es genug Vitamine oder Gemüse zu sich genommen?". Diese wie auch andere Ängste, die mit dem Essen im Zusammenhang stehen, werden von den Medien geschürt. Jede Mutter hat Angst, daß ihr Kind nicht ausreichend genährt wird. Schließlich ist es ihre Grundpflicht als Mutter, dem Kind wenigstens ausreichend Nahrung zu geben. Eltern, deren Kinder Eßprobleme haben, sollten sich zunächst folgende Fragen stellen: Wie stehe ich selbst zum Essen? Wie stehe ich zu meinem Körper? Fühle ich mich zu dick, zu dünn, zu klein oder zu groß? Diese Vorstellungen wirken sich auf die Beziehung zum Essen und dadurch auf das Kind aus. Je mehr man sich auf diese Fragen fixiert und je mehr sie in den Mittelpunkt des Lebens rücken, desto eher kann das zur Gegenreaktion im Kind führen So wird jemand, der dauernd danach strebt, sich gesund zu ernähren und dies auch bei seinem Kind sehr streng verfolgt, sich früher oder später möglicherweise damit konfrontiert sehen, daß sein Kind sich erst recht ungesund ernährt, weil es das „Bio-Essen" satt hat.

Die übertriebene Beschäftigung mit dem Essen ist das gegenteilige Extrem von der Vernachlässigung, die auch von vielen Kindern erlebt wird. Hier kümmern sich die Eltern aus verschiedenen Gründen überhaupt nicht um die Ernährung des Kindes. Sie haben ein sehr ungeordnetes oder gar chaotisches Verhältnis zum Essen und zu ihrem Körper. Sie haben keinen Rhythmus in ihrem Leben, in dem es regelmäßige Mahlzeiten gibt. Zusätzlich haben sie oft weder Verständnis noch Interesse für gesunde Ernährung.

Statt dem Kind Vorträge über die Wichtigkeit des Essens zu halten, sollten die Eltern Vorbilder sein, Vorbilder in ihrer Einstellung zum Essen wie auch in ihren Eßmanieren. Die Bedeutsamkeit des Vorbildes wird von Eltern oft unterschätzt. Oft wird vergessen, daß die meisten Verhaltensweisen durch pure Nachahmung übernommen werden. Diese Vorbildfunktion der Eltern ist viel wirksamer als mahnende Reden und lange Erklärungen. Sieht das Kind ein durchgängiges Verhalten bei seinen Eltern, ist es ihm selbstverständlich, daß dies das richtige Verhalten ist. Spürt es aber, daß die Eltern selbst Probleme damit haben oder in der Durchführung inkonsequent sind, gibt es keinen Grund, das erwünschte Verhalten zu entwickeln. „Wozu soll ich etwas tun, was meine Eltern selbst nicht durchführen können?“, fragt sich das Kind. „Wenn Süßigkeiten so schlimm sind, warum essen sie dann selber dauernd Schokolade?“

Die Wichtigkeit des Vorbilds in der Kindererziehung gilt nicht nur für das Eßverhalten, sondern für alle Verhaltensweisen, die wir unsere Kindern lehren wollen. Dazu gehören auch moralische Prinzipien wie Verantwortung, Respekt, Höflichkeit, Ehrlichkeit oder Bescheidenheit.

Schon in der Stillzeit besteht eine große Sorge der Mutter darin, sich zu fragen: *Was mache ich, wenn mein Kind nicht trinken will?* Etwas später fragen sich dieselben Eltern: *Wie können wir unser Kind zum Essen bringen?* Es gibt bereits Säuglinge, welche die Nahrungsaufnahme verweigern. Diese Kinder reagieren empfindlich auf Druck von Seiten der Mutter oder auf Kontrolle. Spüren sie, daß das Essen für die Mutter ein wichtiges und mit Druck verbundenes Thema ist, reagieren sie mit Gegendruck. Je bewußter und aufmerksamer ein Kind ist, desto stärker reagiert es auf ihm vorgesetzte Anordnungen wie „Du *mußt* jetzt ... tun!". Mit seiner Reaktion, hier Nahrungsverweigerung, gibt es kund: „Ich kann tun, was ich will!" Ein fügsames Kind paßt sich leichter an und ist dadurch oft umgänglicher. Das gesunde Maß zwischen dem Trotzverhalten und der Fügsamkeit liegt in der Entwicklung der Fähigkeit, selbständig zu entscheiden, ob eine Anordnung angemessen ist oder nicht. Oft geht diese Entscheidung mit der Beziehung zu dem Menschen einher, der diese Anordnung ausspricht. Entscheidet sich das Kind, diesem Menschen aus bestimmten Gründen zu vertrauen, nimmt es seine Anordnungen eher an als wenn dies ein Mensch ist, vor dem es keine Achtung hat.

Diese Entscheidungsfähigkeit kann sich aber nur im Laufe der Zeit entwickeln und hängt davon ab, ob die Eltern das Kind zu Verantwortungsübernahme erziehen oder ihm jede Entscheidung abnehmen. Eine Mutter, die ihr Kind schon im Säuglingsalter zu Verantwortungsübernahme erzieht, findet den für das Baby richtigen Rhythmus für ihr Stillen heraus und stellt dann ihre Milch nur zu diesen regelmäßigen Zeiten zur Verfügung. Versucht das Baby dauernd den Rhythmus zu unterbrechen, indem es zwischendurch oder nicht zu der Zeit, die in den Rhythmus paßt, trinken will, sollte die Mutter mit folgender Einstellung konsequent bleiben: *Ich respektiere deinen Rhythmus. Trinkst du zu der Zeit, in der ich dir demnach Milch gebe, ist es gut. Entscheidest du dich, nicht zu trinken, mußt du bis zum nächsten Mal warten.* Oder: *Du darfst meine Milch trinken, brauchst es aber nicht zu tun. Ich passe mich dir gerne an, aber lasse mich von dir nicht versklaven.* Mit dieser Haltung zeigt die Mutter schon von Anfang an Klarheit, Konsequenz und Respekt für das Kind und für sich selbst. Das bedeutet natürlich nicht, daß die Mutter nie mehr ihren Rhythmus ändern darf. Wenn eine Veränderung des Trinkrhythmus' angebracht ist, so sollte die Mutter das natürlich respektieren. Vorher aber sollte sie prüfen, ob es sich wirklich um ein Rhythmusproblem oder eher um einen Machtkampf handelt. Ändert sie täglich den Rhythmus, zeigt sie dem Kind, daß dieses seine Mutter völlig in der Hand hat. Nicht nur gewinnt das Essen bzw. Trinken damit eine zu große Bedeutsamkeit im Lebensalltag, sondern die Mutter zeigt sich als schwach und instabil. Das Kind verliert Respekt und lernt schon früh, daß es die Mutter um den „kleinen Finger wickeln kann". Schon ist der Machtkampf in vollem Gange! Aus diesem Machtkampf kann man dann nur aussteigen, indem man die Spielregeln absichtlich unterbricht und dadurch demonstriert, daß das Spiel zu Ende ist. Führt man nun Konsequenz ein und bleibt dabei, merkt das Kind, daß ein neuer Wind bläst. Dafür muß man allerdings stark und beständig bleiben. Mit allen Mitteln der Welt wird das Kind versuchen, die Eltern wieder in die alt gewohnten Spielregeln hineinzuziehen.

Einige Eltern stellen jetzt vielleicht die Frage: *Ist das nicht grausam?*. Oder sie denken: *Wie soll das Kind Vertrauen lernen, wenn die Mutter im frühen Alter nicht dauernd zur Verfügung steht?*

Vertrauen empfindet das Kind durch unsere Liebe, unsere Fürsorge, unser Verständnis, unsere Zuverlässigkeit und unsere Unterstützung. Merkt das Kind, daß wir es verstehen, fühlt es sich geborgen und zufrieden. Es kann seinen Eltern vertrauen, denn sie sind für ihr Kind da. Eltern, die ihr Kind zu Verantwortungsübernahme erziehen, vermitteln dem Kind das Gefühl: *Wir sind für dich da, wann wir es ausgemacht haben und wann es nötig ist. Wir stehen dir nicht zu jeder Tages- und Nachtzeit zur Verfügung.* Wenn das Kind spürt, daß Eltern außer den gewöhnlichen Zeiten nicht immer zur Verfügung stehen, außer wenn es wirklich nötig ist, ist das für sie kein Vertrauensbruch, sondern es zeigt ihnen, daß die Eltern sich selbst und ihr Kind respektieren. Das Kind kann sich darauf verlassen, daß die Eltern sich an die Abmachungen halten werden, das heißt, dem Kind dann Aufmerksamkeit schenken, wenn es ausgemacht ist und wenn ein „Notfall" vorliegt.

Natürlich werden Eltern ihrem Kind nicht nur Aufmerksamkeit schenken, wenn dies vorher geplant wurde, sondern je nach Alter auch viel spontane Zeit mit ihm verbringen. Das ist solange unproblematisch, wie die Eltern mitentscheiden, ob der Zeitpunkt geeignet ist oder nicht. Bekommt das Kind allerdings das Gefühl, daß es selbst über den Zeitplan seiner Eltern bestimmen kann und diese alles andere beiseite legen, entwickelt dieses Kind eine ungesunde Machtposition. Indem es Macht hat über seine Eltern, verliert es Vertrauen und Respekt. Die Eltern wiederum werden unausgeglichen und unzufrieden, weil sie vergessen, ihren eigenen Bedürfnissen nachzukommen. Es entwickeln sich Spannungen in der Familie.

Es ist also offensichtlich, daß eine zu starke Beschäftigung mit dem Essen wie auch ständige Anpassung der Essensregeln an die Launen des Kindes diesem den Eindruck vermitteln, Essen oder Nicht-Essen zum Ausüben von Macht verwenden zu können. Sowohl das Kind, das zu viel ißt, wie auch jenes, welches zu wenig ißt, zeigt seinem Erzieher: *Ich mache mit meinem Körper, was ich will und nicht, was du willst.* Das Gleiche gilt für Kinder, die nur ungesunde Nahrungsmittel essen wollen. Je mehr Aufmerksamkeit das Kind für sein Verhalten bekommt, desto stärker hält es dieses aufrecht. Wird das Essen zum Kampfobjekt, hat jeder verloren.

Besonders provozierend für das Kind ist die Mutter, die sich persönlich angegriffen oder verletzt fühlt, wenn das Kind ihre Kochkünste nicht schätzt oder respektiert. Auch so bekommt das Kind ein Mittel in die Hand, um Macht auszuüben. Wenn es sich über die Mutter ärgert, braucht es nur ihr Essen zu beleidigen und die Rache ist ausgeübt. Sieht die Mutter nicht ihren Lebensinhalt in der Zubereitung der Mahlzeiten, braucht sie eine Ablehnung dieser nicht als Ablehnung ihrer Person zu interpretieren. Gibt sie sich viel Mühe, etwas Gesundes zu kochen, obwohl sie weiß, daß die Kinder es nicht mögen werden, muß sie damit rechnen, daß ihre Befürchtung eintrifft. Natürlich kann sie sich entscheiden, negative Kommentare zu akzeptieren, trotzdem aber die Kinder gesund ernähren zu wollen.

Abgesehen davon ist auch hier die Vorbildhaltung der Eltern wichtig. Eltern, die selber nicht herablassend kritisieren, sondern respektieren, werden auch Kinder haben, die Respekt ausüben. Eine praktische Möglichkeit wäre auch, die Kinder an den Essensvorbereitungen zu beteiligen, damit sie ein Gefühl dafür bekommen, wieviel Arbeit hinter der Zubereitung einer Mahlzeit steckt. Viele Kinder haben eine „Tischlein, deck dich!"-Einstellung, da sie nie hinter die Kulissen geschaut haben. Das Gleiche gilt auch für die Haushaltsführung und andere Arbeiten im Haus, wie Putzen, Wäsche waschen, Einkaufen etc. Beteiligt man die Kinder je nach Alter und Fähigkeit, gewinnen sie ein besseres Gefühl für Ordnung, Sauberkeit und andere Mühen, die zu einer Haushaltsführung gehören.

Ein Weg, das Kind zu bewegen, seinen Teller leer zu essen, besteht darin, ihm zu Anfang nur wenig zu geben, damit es selber entscheiden kann, ob es noch mehr davon haben will oder nicht. Ißt es seinen Teller trotzdem nicht leer, muß es die Essensreste selber entsorgen. So ist das Kind am Prozeß der Essenszubereitung, der Nahrungsaufnahme und der Resteentsorgung beteiligt. Es kann sich damit besser identifizieren und lernt, verantwortlich mit dem Essen umzugehen. Geschichten aus Ländern, wo das Vorhandensein von Nahrung nicht selbstverständlich ist, können helfen, einen bewußteren Umgang mit dem Essen zu entwickeln.

Für das Kind, das nicht genug ißt, darf es keine Zwischenmahlzeiten geben. Ißt es jetzt nichts, gibt es erst zur nächsten Mahlzeit wieder etwas. Diese Konsequenz erlaubt dem Kind, die Verantwortung für sein Essen selbst zu übernehmen, ohne durch Zwischenmahlzeiten und Naschen von seinem natürlichen Hunger abgelenkt zu werden. Es kann sich entscheiden, bei der nächsten Mahlzeit mehr zu essen und seinem Hunger nachzugehen. Hat es aber inzwischen allerlei anderes zu sich genommen, verliert es Interesse an der Hauptmahlzeit, es entwickelt sich nicht nur ein ungesunder Essensrhythmus, sondern auch das soziale Moment der Mahlzeiten wird gestört.

Essen erfüllt neben der Nahrungsaufnahme auch noch andere Zwecke. Eine Mahlzeit ist meist ein soziales Geschehen, in dem Beziehungen geknüpft oder vertieft werden können. Für manche Familien ist die Essenszeit eine Zeit der Geborgenheit und des Wohlbefindens, für andere ist sie eine der kritischsten Zeiten am Tag, da die meisten Streitgespräche am Tisch geführt werden. Diese Atmosphäre, die mit dem Essen verbunden wird, hat auch Einfluß auf das Eßverhalten des Kindes und sollte beobachtet werden. Essen ist häufig auch eine Kompensation für andere Probleme. Ein Mensch, der viel „zu schlucken" hat, wird mehr essen als jemand, dem „alles auf den Magen schlägt". „Kummerspeck" frißt sich derjenige an, der versucht, das Essen als Ersatz für mangelnde Liebe und Wärme zu benutzen. Aus Stillproblemen können sich im Laufe der jungen Jahre Eßprobleme entwickeln. In der Pubertät können aus Eßproblemen sogar massive Eßstörungen werden. Ein häufiger Grund für Eßstörungen sind Mutter-Tochter-Konflikte. Besonders intensiv sind dabei die Konflikte, die zwischen Müttern und erstgeborenen Töchtern stattfinden.

*Eine Mutter kommt mit ihrer magersüchtigen Tochter in die schulpsy-
chologische Beratungsstelle. Das Mädchen besteht nur noch aus Haut und
Knochen. Sie ist eine sehr gute und strebsame Schülerin und kann kaum
abwarten, wieder nach Hause zu gehen, um zu lernen. Die Mutter, eine
sehr gepflegte und attraktive Frau, gibt als Grund ihres Kommens an, daß
sie fragen wollte, ob es nötig sei, das Mädchen in eine Klinik zu bringen.
Auf die Frage des Therapeuten an die Tochter, wieviel sie denn noch abnehmen wolle, antwortet sie mit Schulterzucken. Sie erklärt, daß sie ständig bemüht sei abzunehmen. Nur wenn sie abnehme, fühle sie sich gut.
Wenn sie aber etwas essen würde, könnte sie zunehmen und häßlich werden. Auf weiteres Nachfragen sagt sie, daß sie wisse, daß sie so dünn auch
nicht schön sei. Doch ihr Gewissen sage ihr dauernd, daß sie nichts essen
dürfe, um bloß nicht zuzunehmen. Dieses Gewissen habe volle Macht über
sie. Oft denke sie daran, sich umzubringen.*

*Die Mutter berichtet, daß sie völlig hilflos sei. Manchmal versucht sie
mit gutem Zureden, manchmal mit Verständnis und manchmal mit Härte
das Kind zum Essen zu bringen, aber es hilft alles nichts. Das Mädchen
hat ihre Mutter voll in der Hand. Sie bestimmt, was gekocht wird, und
wieviel Öl oder Butter verwendet werden darf. Und wenn die Mutter ihre
Anweisungen nicht genau befolgt, weigert sie sich zu essen. Es ist soweit
gekommen, daß die Mutter mit der Tochter einen Ernährungsberater auf-
gesucht hat, um sich beraten zu lassen, was das Mädchen essen kann,
ohne zuzunehmen. Außerdem habe sie riesige Angst, das Mädchen könne
sich das Leben nehmen. Auf die Frage, wie sie in diesem Falle reagieren
würde, antwortet sie, sie würde auch sterben. Intensive Sorge zeigen auch
der Vater und die Schwester des Mädchens wie auch eine weitere Psycholo-
gin. Zum Thema der Klinikeinweisung sagt das Mädchen, daß es gerne
dorthin gehen möchte, um zu lernen, was man essen kann, ohne zuzunehmen. Denn die Ärzte und Schwester in der Klinik wüßten schon, wie das
geht.*

Betrachten wir einmal, was da passiert. Die Tochter hat ihre
Mutter voll in der Hand. Sie hat Macht über sie. Denn die

Mutter würde alles tun, damit das Mädchen ein bißchen mehr ißt. Damit hat das Mädchen ihre Mutter an ihrem wundesten Punkt getroffen, nämlich an der mütterlichen Verantwortung, ihr Kind zu ernähren. Sie läßt sich von den Forderungen des Kindes bestimmen, und kocht nur noch so, wie es von ihr verlangt wird. Sie läßt sich sogar von einem Ernährungsberater beraten, der ihr genau das beibringen soll, was das Kind nicht braucht, nämlich so zu kochen, daß es dabei nicht zunimmt. Sie geht so weit, daß sie glaubt, sterben zu müssen, wenn sie ihr Kind verliert. Sowohl die Mutter wie auch der Rest der Familie und andere Helfer, sind dem Mädchen ausgeliefert. Sie wollen es retten. Das Mädchen aber trägt die Macht über seinen Körper ganz allein. Es demonstriert: *Ich mache mit meinem Körper, was ich will.* So kommt es zu einem Machtkampf zwischen Mutter und Tochter. Die Mutter will, daß das Kind ißt und wieder gesund wird, und dieses wiederum will zeigen, daß es selbst Kontrolle hat. Selbstverständlich spielen sich all diese Prozesse nicht bewußt oder mit Absicht ab. Vor allem Mütter, die erfolgreich, attraktiv und dadurch nachahmenswert scheinen, erwecken bei ihren ersten Töchtern, die sich gerne in ihre Fußstapfen stellen würden, diese kämpferischen Reaktionen. Auf ihre hohen Ansprüche an ihre Mädchen reagieren diese mit Trotz und zerstörerischen Reaktionen. Die Eßstörung ist eine sehr erfolgreiche Methode, um die Mutter richtig in Sorge und aufmerksam zu halten.

## SCHLAFEN, SAUBER WERDEN, ORDNUNG HALTEN

Die ausführliche Analyse der Essensprobleme soll als Beispiel für viele ähnliche Probleme gelten. Immer geht es um das gleiche Prinzip. Beobachten wir das Kind und sein Verhalten, werden wir merken, was es durch sein Verhalten erreichen will. Verweigert das Kind, schlafen zu gehen, sauber zu werden oder Ordnung zu halten, verfolgt es damit ein bestimmtes Ziel. Meist ist es die Aufmerksamkeitsgewinnung der Eltern. Doch es gibt auch andere Ziele, die bereits genannt wurden. Erfüllen die Eltern das Ziel des Kindes, wird es sein Verhalten aufrecht erhalten. Unterbrechen sie diesen Prozeß, muß das Kind sich umorientieren. Möglicherweise entscheidet es sich dann für das Verhalten, das erwünscht und von den Eltern vorgelebt wird. Je mehr Beachtung wir diesen Themen schenken, desto interessanter werden sie für das Kind, es findet Gefallen an dem „Mal sehen, wer gewinnt!"-Spiel. Stehen Eltern den Kindern zur ständigen Verfügung, vernachlässigen sie ihre eigenen Bedürfnisse. Das Kind lernt, daß das elterliche Bedürfnis nach Ruhe, Sauberkeit oder Ordnung nicht respektiert zu werden braucht, da die Eltern es selbst auch nicht ernst nehmen.

Stellen Eltern klare Bettgehregeln auf, bestimmen die Konsequenzen, falls die Regeln nicht eingehalten werden und führen diese dann standhaft durch, vermitteln sie ihren Kindern Klarheit. Das Kind hat die Chance, sich innerhalb eines gesetzten Rahmens zu bewegen, ohne ihn dauernd übertreten zu müssen. Es ist nicht mehr nötig, Grenzen auszuprobieren, wenn sie klar gesetzt und konsequent verfolgt werden.

Konsequenzen sollten mit dem Thema im Zusammenhang stehen und Sinn ergeben. Einige Beispiele:

„Gehst du heute zu spät ins Bett, mußt du morgen entsprechend früher schlafen gehen."

„Wenn du während der Woche nicht pünktlich ins Bett gehst, mußt du den Schlaf am Wochenende nachholen, indem du dann genauso früh ins Bett gehst, wie während der Schulzeit."

„Versäumst du es, die Toilette zu benutzen, muß ich dich eine Weile in deinen nassen Sachen lassen."

„Räumst du dein Zimmer nicht auf, kann ich es nicht betreten, um dir eine Gute-Nacht-Geschichte zu erzählen."

„Kommst du zu spät nach Hause, kannst du morgen nicht wieder spielen gehen, sondern erst übermorgen."

Werden Aussagen wie diese konsequent durchgeführt, lernt das Kind, Verantwortung für seine Taten zu übernehmen, weil es die Gelegenheit bekommt zu spüren, daß sein Verhalten Folgen mit sich bringt. Wichtig ist dabei jedoch, daß jede versprochene Konsequenz unbedingt eingehalten wird. „Natürliche Konsequenzen" wie Hunger, Erkältung oder Müdigkeit stellen sich von selber ein und müssen vom Kind erlebt werden dürfen, ohne daß die Eltern diese sofort abwenden. „Logische Konsequenzen", die vorher bestimmt werden, müssen von den Eltern durchgeführt werden. Dabei ist es sehr wichtig, daß nicht viel geredet oder diskutiert, sondern gehandelt wird. Regeln und entsprechende Konsequenzen werden je nach Thema und Alter des Kindes von der ganzen Familie oder von den Eltern alleine festgelegt. Wenn alle Familienmitglieder diese erfahren und verstanden haben, werden sie durchgeführt. Das Kind braucht dann keine Warnungen, Drohungen oder Erklärungen mehr. Es muß die Festigkeit der Eltern spüren, um ihnen vertrauen zu können und sich so innerhalb eines festen Rahmens geborgen und frei zu fühlen.

Betritt jemand ein dunkles Zimmer, versucht er erst die Wände zu ertasten, um sich dann in diesem Zimmer frei bewegen zu können. Verschieben sich die Wände ständig, vermittelt ihm das ein Gefühl der Unsicherheit und Angst.

# KAPITEL 7

# KLEINE LÜGNER, KLEINE DIEBE

Mit der Frage, warum ihre Kinder lügen, beschäftigen sich viele Eltern. Dies ist ein Thema, das sehr eng verknüpft ist mit Themen wie Moral, Gewissen und anderen Werten. Allen Eltern ist es wichtig, ihre Kinder zu Ehrlichkeit und Vertrauenswürdigkeit zu erziehen. Spüren die Eltern, daß ihnen das nicht gelingt, tritt oft eine starke Frustration auf. Die meisten Eltern fragen sich: „Was haben wir nur falsch gemacht?"

Die Erfahrung zeigt, daß in Familien, wo großer Wert auf Moral gelegt wird, auch mit großer Empfindlichkeit auf unmoralische Verhaltensweisen reagiert wird. Hier wird viel stärker darauf geachtet, daß die Kinder sich richtig verhalten, kleinste Abweichungen werden hinterfragt, erforscht und meistens bestraft. In solchen Familien gibt es also viel mehr Druck und Angst – und so auch mehr Lügen.

Was können wir dagegen tun?

Das wichtigste ist, das Thema des Lügens etwas zu entschärfen, das heißt, im Falle einer Lüge nicht sofort mit Bewertungen und Moralpredigten zu reagieren. Eltern, die selbst unter starkem moralischen Druck leiden, verdächtigen ihre Kinder oft des Lügens, wo auch keine Lügen sind. Sie interpretieren Aussagen als Lügen, die gar nicht so gemeint waren. Indem sie das Lügen so oft zum Thema machen, verführen sie das Kind regelrecht zum Lügen, da sie es durch ständiges Kontrollieren provozieren, wirklich die Unwahrheit zu sagen. Das Kind merkt, daß es viel Aufmerksamkeit auf sich lenkt, wenn es lügt.

Die besten Voraussetzungen, um ein Kind zum Lügen zu erziehen, auch wenn die Absicht gegenteilig ist, sind Einstellungen wie „Mein Kind darf nicht lügen." oder positiver „Mein Kind muß ehrlich und wahrhaftig sein."

Beide Aussagen erzeugen sehr viel Druck. Wären Eltern nicht so sehr auf die Wahrheit fixiert, sondern würden ihren Kindern selbstverständlich zutrauen, die Wahrheit zu sagen, käme das Kind gar nicht auf die Idee zu lügen. Das bedeutet für Eltern, daß sie nicht hinterfragen, kontrollieren oder bewerten.

Das Gleiche gilt auch für andere Normen und Werte, die man mit Druck vermitteln will, so wie Höflichkeit, Freundlichkeit, Reinlichkeit, Pünktlichkeit, Vertrauenswürdigkeit, Ordnung, Fleiß, Zuverlässigkeit, Hilfsbereitschaft.

Natürlich soll das nicht bedeuten, daß diese ethischen und moralischen Werte nicht wichtig sind für die Erziehung, sondern es geht um die Art und Weise, wie sie vermittelt werden. Sicher ist, daß Druck nicht die richtige Methode ist, um solche Dinge zu vermitteln.

Die Methode, die wir wählen, um unsere Ziele durchzusetzen, entsteht als Folge unserer Einstellung. Wenn wir also darauf eingestellt sind, daß es selbstverständlich ist, daß unser Kind nicht lügt, da dies zu einem angenehmen Zusammenleben dazugehört, bauen wir die Beziehung auf Vertrauen. Das Kind spürt das ihm entgegengebrachte Vertrauen und erweist sich dessen würdig.

Eltern mit der strengen Einstellung „Mein Kind muß ehrlich sein" wählen oft Kontrolle, Strenge, Macht und autoritäres Vorgehen als Erziehungsmethode. Wenn über bestimmte Regeln und Sachverhalte immer wieder gesprochen wird, zeigt man so dem Kind, daß diese sehr schwer einzuhalten sind und daher besonders viel Aufmerksamkeit brauchen. Geht man jedoch davon aus, daß diese Dinge selbstverständlich sind, vermittelt man so dem Kind Vertrauen und zeigt, daß es einfach ist, sie durchzuführen. Eine solche Einstellung geht davon aus, daß man an ein natürliches Gewissen glaubt. Der Mensch ist nicht als Lügner oder Übeltäter geboren.

## DREI ERFOLGREICHE WEGE, UM UNSERE KINDER ZU LÜGNERN ZU ERZIEHEN

Es lohnt sich, darüber nachzudenken, ob viele Lügen wirklich Lügen sind. Wenn wir genau hinsehen, können wir feststellen, aus welcher Motivation ein Kind solche Aussagen macht. Wenn wir noch genauer hinsehen, können wir vielleicht auch erkennen, wie wir eigentlich unsere Kinder dazu bringen zu lügen.

### 1) „Lügen" oder Kinderphantasien?

Ein wichtiger Aspekt, den man bei der Bewertung von Lügen beachten muß, ist, daß Kinder sehr viel Phantasie haben. Erwachsene können diese Phantasie oft nicht nachvollziehen, sie erscheint ihnen übertrieben. Wenn Kinder bestimmte Dinge sehr ausführlich erzählen, sehen und spüren sie dieses auch in dieser intensiven Art und Weise. Was uns als Lüge erscheint, ist aber des Kindes Wirklichkeit. Wenn wir nun herausfinden, daß die erzählte Situation ganz anders, viel weniger dramatisch oder gar überhaupt nicht stattgefunden hat, denken wir, das Kind hätte gelogen, übertrieben oder sich unnötig aufgespielt. Wir

68

sagen dann zu dem Kind: „Das ist Unsinn. Das stimmt doch überhaupt nicht." Genau da liegt das Problem. Denn das Kind hat meistens genau das erlebt, was es berichtet. Wer von seinem Kind verlangt, sachliche und objektive Berichte abzugeben, obwohl jenes in einer gefühlsbetonten Welt lebt, erzieht damit sein Kind zum Lügen. Denn so wird vom Kind gefordert, nicht das zu erzählen, was es als Wirklichkeit erlebt, sondern das, was die anderen hören wollen.

Oft reagieren Eltern, die viel Wert auf Wahrhaftigkeit und Richtigkeit legen, sehr entsetzt, wenn ihre Kinder einen Vorfall spontan, dramatisierend und gefühlsbetont erzählen. Eine Folge davon ist, daß sich die Kinder nicht mehr auf diese Art und Weise mitteilen, weil sie die Bewertung der Erwachsenen fürchten. Aus Angst, etwas Falsches zu sagen, belächelt, ausgelacht oder gar bestraft zu werden, erzählen viele Kinder bestimmte Dinge nicht mehr oder nur das, was die Eltern hören wollen. Hier beginnt das Lügen!

Wir sehen also, daß eine dem Entwicklungsstand des Kindes unangepaßte Forderung nach Ehrlichkeit genau das Gegenteil bewirken kann. Im Laufe der Zeit erwirbt das Kind folgendes Selbstbild: „Wenn ich etwas sage, dann ist es meistens eine Lüge." Die Eltern haben dem Kind vermittelt, daß es ein Lügner ist. Daher muß das Kind also immer öfter lügen, schon allein aus der Verpflichtung heraus, dieses Bild, zu bestätigen. Später wird es daher auch zu „echten" Lügen greifen müssen.

*2) „Lügen" oder Suche nach Aufmerksamkeit?*

In vielen Dingen herrscht eine Atmosphäre, in der nur äußerst interessante Berichte die Aufmerksamkeit und das Interesse der anderen Familienmitglieder auf sich lenken. Dies kann verschiedene Ursachen haben. Das Kind in dieser Familie lernt, daß es nur dann Zuhörer und Anerkennung gewinnt, wenn es Dinge in völlig übertriebener oder verzerrter Form berichtet. Unwahrheiten können erfunden werden, um die Aufmerksamkeit der Erwachsenen zu gewinnen. Diese Erwachsenen haben nämlich signalisiert, daß für „normale" Mitteilungen und Erzählungen keine Zeit oder kein Interesse vorhanden ist. So haben sie ihr Kind zum Lügen „gezwungen", da es sonst befürchten muß, vernachlässigt oder nicht beachtet zu werden.

An diesem Beispiel wird deutlich, wie man den Grund für eine Verhaltensweise (hier das Lügen) daran erkennen kann, was diese bei den anderen auslöst. Denn jedes Verhalten, ob richtig oder falsch, verfolgt ein Ziel und erfüllt einen bestimmten Zweck. Berichtet das Kind Sensationen, löst es damit bei seinen Eltern Interesse und Aufmerksamkeit aus. Da das Kind diese Art der Zuwendung braucht, greift es immer öfter zu der Methode, Sensationen zu berichten, wenn es auch keine gibt. Es beginnt zu lügen.

### 3) „Lügen" oder Angst vor Strafe?

Ein weiterer sehr verbreiteter Grund zu lügen ist, daß dem Kind der Mut fehlt, die Wahrheit zu sagen. Das trifft vor allem bei solchen Sachverhalten zu, von denen das Kind weiß, daß sie nicht im Sinne der Eltern sind. Das Kind hat Angst, bestraft zu werden und zieht es daher vor, die Unwahrheit zu sagen oder die Wahrheit zu verdrehen. Solche Lügen werden auch „Notlügen" genannt. Sie entstehen aus der Not, nicht bestraft werden zu wollen.

Kinder, die häufig zu dieser Art von Lüge greifen, sind sehr entmutigte Kinder. Sie erhalten von Seiten der Eltern häufig negative Rückmeldungen und selten Lob. Sie werden oft kritisiert, korrigiert und für schlechte Taten bestraft. Gleichzeitig werden gute Taten eher selten beachtet und als selbstverständlich betrachtet. Eine mögliche, sicher gut gemeinte, Einstellung entmutigender Eltern ist: *Das Kind sollte wenig gelobt werden, damit es nicht stolz und faul wird. Um zu merken, was es falsch macht, braucht es Strafen und wiederholte Erklärungen, warum sein Verhalten nicht richtig ist. Nur so kann es lernen, das Rechte vom Falschen zu unterscheiden.*

Es gibt viele Wege, um ein Kind zu entmutigen. Aus Verzweiflung und Hilflosigkeit werden diese Methoden häufig angewendet. Das Ergebnis sind frustrierte und rebellische Kinder, die oft zu Lügen, Stehlen oder auch zu größeren Straftaten greifen müssen, um überhaupt eine Art von Aufmerksamkeit zu bekommen, ob positive oder negative. Negative Aufmerksamkeit im Sinne von Schimpfen, Strafen oder Schlägen ist oft die ihnen vertrauteste und flößt ihnen keine Angst mehr ein. Kinder, die viel bestraft werden, fürchten sich im späteren Leben nicht mehr vor Strafen, weder vor Strafarbeiten oder Nachsitzen in der Schule, noch vor polizeilichen Strafen oder Gefängnis im späteren Alter. Es kommt zu einer Gewöhnung an Strafen, die bis zur Immunisierung führen kann. Das Kind spürt in diesem Stadium keinen Schmerz mehr und hat keine Angst mehr. Auf diese Weise wird die Schwelle zum Lügen und zu schwerwiegenderen Straftaten Schritt für Schritt erniedrigt.

## STEHLEN

Kindern, denen es leicht fällt zu lügen, haben meistens auch keine Schwierigkeiten zu stehlen. Beides geschieht in einer versteckten Welt. Neben den im Zusammenhang mit dem Lügen erwähnten Gründen kann es noch weitere Ursachen geben, die zum Stehlen führen können:

Manche Kinder haben Angst davor, nach einem Gegenstand, den sie haben wollen, zu fragen. Möglicherweise haben sie Angst vor der Reaktion auf diese Frage oder sie wissen, daß ihnen der Gegenstand nicht zusteht, und sie daher auf Ablehnung stoßen werden. Eine ablehnende Antwort aber können sie nicht ertragen, daher müssen sie den Gegenstand stehlen. Hier wiederum sollten Eltern sich dabei beobachten, wie sie reagieren, wenn ihr Kind sie nach einem Gegenstand fragt, sei es Geld, Spielzeug oder etwas anderes. Reagieren sie genervt, verständnislos, ablehnend oder abwertend, indem sie dem Kind zeigen, wie dumm seine Frage ist? Genau diese Reaktion ist es, die das Kind durch Stehlen zu vermeiden versucht.

Es gibt auch Kinder, denen es schwer fällt zu akzeptieren, daß es Dinge gibt, die man zwar gut gebrauchen könnte, aber trotzdem nicht haben kann. Dies sind meist verwöhnte Kinder, deren Eltern dazu neigen, jedem Wunsch ihrer Kinder nachzugeben und wenig Grenzen zu setzen. Solche Kinder sind im Jugendalter oft anfällig dafür, Straftaten zu begehen. Sie können nicht akzeptieren, daß nicht alles so läuft, wie sie es gerne hätten, denn sie haben nie gelernt, mit der Situation umzugehen, etwas, was sie gerne besitzen wollen, nicht besitzen zu können. Für diese Kinder gibt es keine Alternative, als sich um jeden Preis zu holen, was sie brauchen.

Eltern, die selbst enttäuscht sind über die Verteilung von Reichtum und Armut, vermitteln ihren Kindern oft einen unangemessenen Sinn für Gerechtigkeit. Diese Kinder hören zu Hause oft Sätze wie: „Die Reichen werden sowieso immer reicher und die Armen immer ärmer." Oder: „Es gibt sowieso keine Gerechtigkeit auf dieser Welt." Solche Sätze fördern nicht nur ein lähmendes Gefühl des Selbstmitleids bei Kindern, sondern geben ihnen auch eine Entschuldigung dafür, sich von den Reichen das zu nehmen, was sie brauchen. Diese Eltern regen ihre Kinder nicht an, sich zu bemühen, ausreichend Geld zu verdienen, sondern Reichtum wird als ungerechtes, dem Reichen unverdient in den Schoß gefallenes Glück dargestellt. In diesem Sinne ist es also keine Schande, wenn man sich daran bedient. Lähmend ist für diese Kinder das Gefühl, für ihr Glück nicht selbst verantwortlich zu sein, sondern dem Schicksal und der Ungerechtigkeit der Welt ausgeliefert zu sein. Wozu soll man sich dann noch bemühen? Diese Haltung kann übrigens nicht nur zu Diebstahl, sondern auch zu Passivität und Depressivität führen.

Neben all diesen Gründen kann natürlich auch ein Milieu, in dem keine moralischen Werte vermittelt werden, dazu führen, daß Kinder für Straftaten keine Hemmschwellen besitzen.

## WIE KANN MAN LÜGEN UND STEHLEN VORBEUGEND VERMEIDEN?

Zunächst stellt natürlich unser eigenes Handeln ein Vorbild für die Kinder dar. Eltern, die nicht offen und ehrlich gegenüber sich selbst oder anderen sind, können nicht von ihren Kindern erwarten, wahrhaftige Menschen zu sein. Ebenso wie Eltern, die sich an ihren Mitmenschen bereichern, auf welche Art auch immer, nicht mit vertrauenswürdigen Kindern rechnen können.

Vorbeugende Maßnahmen können nur durch eine Veränderung der Grundeinstellung getroffen werden, indem Eltern an die Selbstverständlichkeit und Durchführbarkeit der wünschenswerten Normen und Werte wie Ehrlichkeit, Zuverlässigkeit und Vertrauenswürdigkeit glauben. Wenn wir dem Kind vertrauen, daß es diese Werte so gut es kann in seinem Leben umsetzen wird, so wie wir selbst es versuchen, helfen wir ihm, sich dementsprechend zu verhalten. Warten wir jedoch ständig nur darauf, daß es eine Regel übertritt, um ihn dann eines Besseren zu belehren, helfen wir dem Kind, diese Regeln öfter zu übertreten und sich langsam an das Übertreten von Regeln und an die damit verbundenen Konsequenzen zu gewöhnen.

Unserer Meinung nach gibt es keine Kinder, die von Natur aus schlecht sind. Jeder Mensch ist ein soziales Wesen, das einen konstruktiven Beitrag zur Gemeinschaft leisten kann.

## WAS KÖNNEN WIR TUN, WENN KINDER BEREITS BEGONNEN HABEN ZU LÜGEN ODER ZU STEHLEN?

Jetzt ist es natürlich schon zu spät dafür, daran zu glauben, daß das Kind nicht lügt oder stiehlt. Denn das wäre in diesem Fall naiv. Wenn es klar ist, daß ein Kind die Unwahrheit gesagt oder gestohlen hat, und wir reagieren mit der Aussage „Ich glaube dir", hält das Kind uns wahrscheinlich für dumm und verliert seinen Respekt vor uns. Statt aber entmutigende Antworten wie „Ich weiß ja, daß du lügst" oder „Natürlich hast du gestohlen" zu geben, könnten wir sagen: „Ich habe Schwierigkeiten, dir zu glauben." Damit haben wir dem Kind keine Vorwürfe gemacht, die nur dazu führen würden, daß das Kind sich mit aller Kraft verteidigen muß. Gleichzeitig haben wir es nicht bloßgestellt oder abgewertet, was wiederum zu mangelndem Selbstwertgefühl führen könnte, sondern wir haben dem Kind *ehrlich* mitgeteilt, daß wir mit seiner Aussage Probleme haben.

Wie würde das Kind in diesem Fall reagieren?

Eine Möglichkeit wäre, daß das Kind über sein Verhalten nachdenkt. Es braucht sich nicht zu verteidigen, da ihm kein Vorwurf gemacht wurde. Dadurch wurde ihm der „Wind aus den Segeln genommen". Es spürt aber, daß es die Aufmerksamkeit, die es mit seinem Verhalten erreichen wollte, nicht bekommt, denn die Eltern lassen sich auf den Kampf nicht ein. Es muß sich also für einen anderen Weg entscheiden, um die Aufmerksamkeit der Eltern auf sich zu ziehen. Offen bleibt, ob dieser besser oder schlimmer sein wird.

Eine andere Reaktion könnte sein, daß das Kind sich dennoch verteidigt. Dann liegt es an den Eltern, ob sie das Bedürfnis haben, dem Kind ihre Macht zu demonstrieren, indem sie ihm zeigen, daß sie ihm seine Schandtat beweisen können. Die Eltern haben aber auch die Möglichkeit, bei der einmal gemachten Aussage zu bleiben und sich zu weigern, sich auf einen Machtkampf einzulassen. So hat das Kind die Gelegenheit, selbst über sein Verhalten nachzudenken, ohne daß ihm von den Eltern erklärt werden muß, was es ohnehin schon weiß. Wiederholte moralische Erläuterungen von Seiten der Eltern führen dazu, daß das Kind faul wird und aufhört, sich selbst über Gut und Böse Gedanken zu machen.

Eine weitere Möglichkeit der Reaktion wäre, daß das Kind antwortet: „Das ist dein Problem. Ich habe dir gesagt, wie es ist. Ob du es glaubst oder nicht, ist nicht meine Sache." Mit dieser Aussage will das Kind seine Macht zeigen. Hier ist das Lügen oder Stehlen nur das vordergründige Problem. Dahinter stecken andere tiefgründigere Ursachen wie schlechte Beziehungen in der Familie, ein mangelndes Gefühl der Gleichwertigkeit zwischen den Familienmitgliedern, Eifersucht, das Bedürfnis nach viel Geld, um vor den anderen zu bestehen oder andere Gründe. Aufgrund dieser Probleme fühlt sich das Kind nicht ernst genommen und unterlegen. Es greift zu Mitteln, welche die Eltern sehr stark treffen, um dadurch Macht auszuüben. Diese Methode, sich wichtig zu machen, ist besonders bei Eltern, denen moralische Werte sehr wichtig sind, äußerst erfolgreich. Lügen und Stehlen sind in diesem Fall also eher Symptome für andere Probleme in der Beziehung.

In dieser Situation wäre es ratsam, mit dem Kind über die Motive (Beweggründe) zu sprechen, die es zu der unerwünschten Verhaltensweise bewegt haben könnten, statt mit ihm über diese Verhaltensweise selbst zu diskutieren. Solche Motive, wie „gefallen wollen", „stark sein wollen", „Macht zeigen wollen", „Aufmerksamkeit auf sich lenken wollen" und andere, können auch entdeckt werden, indem wir beobachten, was unser Kind durch sein Verhalten bei uns bewirkt: Wut, Aufmerksamkeit, Sorge, Strenge, Strafe oder anderes? Genau das, was es bewirkt, ist das, was es erreichen will, und was es zu seinem Fehlverhalten bewegt.

Da jedes Kind weiß, daß es nicht richtig ist zu lügen oder zu stehlen, ist es sehr wichtig, dieses Motiv herauszufinden und damit auch das Ziel zu erkennen, das es mit seinem Verhalten erreichen will. Ist zum Beispiel das Ziel zu zeigen: „Ich zeige euch, daß ich machen kann, was ich will", müßten Eltern darauf als Konsequenz ganz anders reagieren als wenn das Ziel ist: „Bitte beachtet mich mehr."

Im ersten Fall könnten die Eltern das Machtbedürfnis des Kindes entschärfen, indem sie ihm nicht mehr Druck machen, sondern ihm zeigen, daß sie es ernst nehmen und ihm ausreichend Raum und Geltung zugestehen. Dies kann durch Übertragung von verantwortungsvollen Aufgaben, wie Mahlzeiten zubereiten oder etwas reparieren, geschehen, aber auch durch Gespräche, in denen dem Kind vermittelt wird, daß es ernst genommen wird. Bei all diesen Maßnahmen darf aber natürlich der von der Familie gesetzte Rahmen an Regeln und Werten nicht überschritten werden, damit das Kind nicht verwöhnt wird. Gleichzeitig ist es auch wichtig, den Entwicklungsstand des Kindes zu beachten, um es durch zu viel Verantwortung nicht zu überfordern. Auf diese Weise hat das Kind es nicht mehr nötig, durch Fehlverhalten seine Machtposition zu demonstrieren, sondern kann lernen, durch konstruktive Verhaltensweisen Anerkennung zu gewinnen.

Verfolgt das Kind jedoch das Ziel, mehr Beachtung und Zuwendung zu erhalten, könnten die Eltern versuchen, dem Kind ihre Liebe und Wärme deutlicher zu zeigen. Sie könnten dem Kind intensiver zuhören und sich stärker für seine Angelegenheiten interessieren.

# KAPITEL 8

# AGGRESSION, GEWALT UND ANDERE SCHRECKEN

Ein weiser Mann[1] sagte einmal:

*„...alles, was Gott erschaffen hat, hat Er gut erschaffen. Dieses Böse ist ein Nichtsein; so ist Tod das Nichtvorhandensein des Lebens. Wenn der Mensch kein Leben mehr erhält, stirbt er. Dunkelheit ist das Nichtvorhandensein von Licht. Wenn kein Licht da ist, herrscht Finsternis. Licht ist etwas, was wirklich da ist, aber Dunkelheit existiert nicht. Reichtum ist etwas Vorhandenes, aber Armut ist ein Nichtsein. Somit ist es offenkundig, daß sich alles Böse auf Nichtsein zurückführen läßt. Das Gute lebt, das Böse existiert nicht."*

Wenn man davon ausgeht, daß der Mensch ein von Natur aus gutes Wesen ist, so ist klar, daß die Aggression (dt. Heranschreiten) nur zwei Formen haben kann. Entweder sie ist „konstruktiv", das heißt, sie dient der Verteidigung der eigenen Person. Dies sieht man zum Beispiel häufig bei kleinen Kindern, die an andere heranschreiten und ihre Spielsachen oder ihre jüngeren Geschwister verteidigen. Für diesen Zweck ist die Aggression positiv und nicht zerstörerisch. Andererseits gibt es

---

[1] 'Abdu'l-Bahá (1844-1921)

aber auch die „destruktive" Aggression, die in gesteigertem Maß zu Gewalt, Kriminalität und Kriegen führt. Hier schreitet man an jemanden heran, um ihn zu verletzen.

Bleiben wir nun bei dem Beispiel des Lichts und der Finsternis. Licht hat eine eigene physikalische Existenz, nicht aber Finsternis. Diese herrscht nur, wenn das Licht fehlt. Wenn also das Böse keine eigene Existenz hat, sondern ein Nichtvorhandensein des Guten darstellt, dann kann auch Aggression in Wirklichkeit „nur" eine Erscheinung sein, die auftritt, weil ein positiver Zustand fehlt.

Ähnlich verhält es sich mit anderen sogenannten negativen Zuständen. Zurecht fragt ein guter Arzt seinen kranken Patienten: „Was fehlt Ihnen?" So ist Krankheit das Fehlen von Gesundheit, Angst das Fehlen von Mut, Trauer das Fehlen von Freude, Unsicherheit das Fehlen von Sicherheit ... und Aggression?

## AGGRESSION – WAS FEHLT?

Meistens ist es ein Mangel an Zugehörigkeitsgefühl, der jemanden dazu bringt, zerstörerisch aggressiv zu sein. Kinder, die zu ihren Eltern aggressiv sind, fühlen sich oft ungeliebt oder nicht akzeptiert. Dieses fehlende Geborgenheitsgefühl drücken sie in Aggression aus. Schüler/innen, die in der Schule dauernd stören, zu ihren Mitschüler/innen gewalttätig werden oder Lehrer/innen angreifen, fühlen sich meist minderwertig oder nicht anerkannt. Sie stammen aus einem entmutigenden und unterdrückenden Zuhause, wo sie weder Selbstwertgefühl noch Zugehörigkeitsgefühl aufbauen konnten. Jugendliche, die aggressiv und gewalttätig werden, stammen häufig aus streng autoritären oder stark verwöhnenden Familien. In beiden Situationen wurde ihnen nie das Gefühl gegeben, daß ihnen zugetraut wird, selbst etwas zu schaffen und vollwertiges Mitglied der Gemeinschaft zu sein.

Autoritäre Eltern kritisieren und strafen ihre Kinder oft; sie zeigen, daß die Eltern das erste und letzte Wort haben, während die Kinder bedingungslos zu gehorchen haben. „Solange du deine Füße unter meinen Tisch streckst, hast du auf mich zu hören", sagt der autoritäre Vater. Hier gibt es keine Gleichwertigkeit.

Verwöhnende Eltern hingegen nehmen ihren Kindern alles ab. Sie bedienen das Kind, und geben ihm das Gefühl, immer für ihr Kind da zu sein. Das Kind soll bloß an keinem Mangel leiden, und keine Schwierigkeiten erleben. In der Pubertät wundert sich der heranwachsende Jugendliche dann, daß die Eltern sich das Recht herausnehmen, Forderungen zu stellen. Er wird aggressiv, da seine Erwartungen nicht mehr erfüllt werden. Er spürt plötzlich, daß nicht immer jemand da ist, daß nicht alle Beschwerlichkeiten von den Eltern abgenommen werden. Andererseits hat er nie gelernt, selbst Strategien zu entwickeln, um mit Schwierigkeiten zurecht zu kommen, da ihm immer alles abgenommen wurde.

Eine andere Form der Verwöhnung ist die Verzärtelung. Hier wird das Kind von den Eltern immer als zartes Kind behandelt. Übertriebene Zärtlichkeit und sanftes Miteinanderumgehen geben dem Kind das Gefühl, etwas ganz Besonderes zu sein, eine „Prinzessin auf der Erbse". Wird diesem Kind plötzlich nicht mehr die volle Aufmerksamkeit geschenkt und ist es nur noch „eines unter vielen", wird auch dieses Kind aggressiv oder depressiv. Verwöhnende und verzärtelnde Eltern geben ihren Kindern in Wirklichkeit das Gefühl, unfähig und überflüssig zu sein.

Diese Erziehungsstile, der autoritäre, wie auch der verwöhnende oder verzärtelnde, schwächen das Selbstvertrauen und dadurch das Zugehörigkeitsgefühl des Kindes. Ein Kind, das kein Selbstvertrauen hat, findet seinen Platz in der Gemeinschaft nicht. Diese Frustration macht in späterem Alter sowohl depressiv als auch aggressiv.

Vernachlässigte oder unterdrückte Kinder greifen andere Menschen oder Tiere an, um entweder das zu Hause Erlebte in der Reihenfolge der Hackordnung an den nächst Schwächeren weiterzugeben oder sich zu rächen für das, was ihnen widerfahren ist. Öffentliche Aggression kann eine Möglichkeit sein, Aufmerksamkeit auf sich zu lenken. Manche Menschen brauchen auch das Gefühl, in der Gesellschaft störend zu sein, denn das ist die einzige Rolle, die ihnen schon von klein auf zugesprochen wurde: Störer zu sein. Für sie ist es besser, einen Platz auf der „dunklen" Seite der Gemeinschaft zu haben, als gar keinen Platz.

Es gibt viele Gründe, weshalb Menschen sich bewußt oder unbewußt für aggressives oder gewalttätiges Verhalten entscheiden. Hier wurden nur einige genannt. Jeder kann sich selbst noch viele andere überlegen, wenn er sich und seine Mitmenschen nur genau beobachtet und die zugrunde liegenden Prozesse erkundet.

## AGGRESSION UND DEPRESSION

Aggression und Depression sind eng miteinander verwandt. Der aggressive Mensch richtet seine Wut und seine zerstörerischen Kräfte nach außen gegen andere, während der Depressive seine Zerstörungskraft in Form von Autoaggression gegen sich selber richtet. Oft wird übersehen, daß der Depressive eine große Energie aufbringt, um den depressiven Zustand aufrechtzuerhalten. Diese Energie ist noch stärker als der natürliche Selbsterhaltungstrieb, wenn sie jemanden dazu bringen kann, sein Leben aufzugeben. Selbstmord ist nicht nur Gewalt gegen sich selbst, sondern vor allem auch Gewalt gegen die Mitmenschen. Diese werden durch den Selbstmord bestraft, beschuldigt, in große Schwierigkeiten gebracht und dadurch oft selbst depressiv.

Sowohl Aggression als auch Depression erfordern ein hohes Maß an Energie, das der Betroffene aufbringen muß, um sein Ziel zu erreichen. Die Mitmenschen leiden meist unter einem aggressiven Menschen gleich stark wie unter einem depressiven Menschen. Der einzige Unterschied ist, daß der Depressive Mitleid erweckt, während der Aggressive Schuldzuweisungen erhält. Der Depressive, der seine Umwelt quält, kommt letztendlich „heiler" davon.

Menschen, die stark unter Vereinsamung leiden, neigen oft zu einer Mischung aus aggressivem und depressivem Verhalten. Sie sind traurig und wütend zugleich.

*Frau B. erzählt, daß sie von ihren Eltern nie ernst genommen wurde. Sie kann sich nicht daran erinnern, jemals von ihnen gefragt worden zu sein, wie es ihr ginge. Und wenn, dann waren sie sowieso nicht an ihrer Antwort interessiert. Sie hat nie eine aufrichtige Sorge um ihr Wohlbefinden gespürt. Inzwischen ist sie depressiv geworden. Neben ihrer Trauer spürt sie eine wahnsinnige Wut in ihrem Bauch. Sie ist verkrampft, weil sie Angst hat, die Kontrolle über ihre Wut zu verlieren und ungewollt ihr Kind umzubringen. Hinter dieser starken Wut stecke eine tiefe Trauer. Doch sie kann schon lange nicht mehr weinen. Sie sagt: „Wenn ich anfange zu weinen, habe ich Angst, nicht mehr aufhören zu können."*

Frau B. muß dauernd ihre Trauer kontrollieren. Sie hat Angst davor, daß sie ausbrechen könnte, und nicht zu ertragen wäre. Der als Kind erlebten Vernachlässigung ins Auge zu schauen ist zu schmerzhaft für sie, als daß sie dies aushalten könnte. Also unterdrückt sie ihre Trauer. Ihr Körper trauert, sie weint aber nicht. Es kommt zu dem sogenannten „tränenlosen Weinen", ein Merkmal vieler depressiver Menschen. Diese unterdrückte Trauer verwandelt sich in Wut und Aggression, gegen sich und gegen andere.

## AGGRESSION – WAS NUN?

Kämpft man gegen Aggression, ist es als ob man gegen die Dunkelheit kämpft. Jeder weiß, daß das nicht zu Erfolg führen wird. Man kann Dunkelheit weder ausschalten noch abschaffen. Was kann man also tun? Das Licht einschalten. Ebenso verhält es sich mit der Aggression. Statt gegen sie zu kämpfen, sie zu kontrollieren oder abzuschaffen, kann man genau hinsehen und herausfinden, was fehlt, und das Fehlende „einschalten". Wie bereits erwähnt, ist es meistens ein Mangel an Zugehörigkeitsgefühl, der dazu führt, daß jemand sich aggressiv verhält. Also kann man dem Menschen, ob Kind oder Erwachsener, das Gefühl geben, dazuzugehören. Kindern kann man zeigen, daß sie zur Gemeinschaft gehören und auch einen wichtigen Beitrag zu leisten haben, indem man ihnen Aufgaben gibt, die sie meistern können, oder ihnen zeigt, daß man sie ernst nimmt, indem man ihnen zuhört und sich Zeit nimmt, um mit ihnen zu reden.

Wenn man sich die Situation, in der die Aggression des Kindes auftritt, näher betrachtet, kann man sich folgende Fragen stellen: Was ist passiert, worauf das Kind aggressiv reagiert?

In welcher Stimmung war es vorher? Welche Dinge sind schon im Vorfeld vorgefallen? Wie ist die Atmosphäre generell? Welche Stimmung herrscht? Was für eine Reaktion hat das aggressive Verhalten ausgelöst? Was hat das Kind als Folge „bekommen"? Welches Ziel verfolgt es? Was fehlt dem Kind?

Stellt man sich diese Fragen, kann man herausfinden, was das Kind braucht beziehungsweise welches der vier Ziele[2] – Aufmerksamkeit, Macht, Rache oder Rückzug – es mit seinem Verhalten erreichen will. Reaktionen der Eltern können zum Beispiel Strafen, Schimpfen, Schläge, Ignorieren oder mehr Zuwendung sein. Genau diese Reaktion, die man dem Kind immer gibt, sollte man dem Kind nicht mehr geben. Ansonsten hält man so sein Verhalten aufrecht, da es genau diese Reaktion seiner Eltern hervorrufen will, um so sein Ziel zu erfüllen.

Statt dessen könnte man sich überlegen, welches Bedürfnis das Kind eigentlich hat. Fehlt ihm Anerkennung, Zugehörigkeitsgefühl, Ermutigung, Zuwendung, Aufmerksamkeit, Liebe oder Zärtlichkeit? Oder braucht es mehr Grenzen, einen klareren Rahmen oder festere Regeln, um nicht aus dem Gleichgewicht zu geraten? Geben Eltern dem Kind, was es braucht, hat dieses es nicht mehr nötig, sein zerstörerisches Verhalten aufrechtzuerhalten, um dadurch sein Ziel zu erreichen.

Natürlich gibt es kein Patentrezept, denn es kommt immer darauf an, wie festgefahren die Spielregeln bereits sind. Das Kind wird mit aller Kraft versuchen, seine „Mitspieler" wieder in die alten Spielregeln hineinzuziehen. Man muß also standhaft bleiben in seinem veränderten Verhalten, um sich nicht umstimmen zu lassen.

Auch Lehrer/innen und Erzieher/innen können auf diese Weise die Kinder besser verstehen lernen. Die Reaktionen auf

---

[2] nach R. Dreikurs

Störverhalten könnten so stärker dem Kind angepaßt werden, und einen größeren Effekt haben. Jedes Kind braucht etwas anderes. Gibt man allen Kindern für ihr störendes Verhalten Strafen, bewirkt man dadurch bei dem einen Kind vielleicht eine Verminderung dieses Verhaltens und bei dem anderen eine Verstärkung.

## KINDER STREITEN SICH

*Elena und Melina streiten sich schon wieder. Sie schreien und schlagen aufeinander los. Frau S. hat Angst, daß sie sich verletzen könnten. Außerdem hat sie die Nase voll von der ewigen Streiterei ihrer beiden Töchter. Sie geht dazwischen und reißt sie laut schreiend auseinander: „Hört endlich auf, ihr Streithähne. Es reicht jetzt. Ich will gar nicht wissen, wer angefangen hat, aber ihr geht jetzt in eure Zimmer und seid still." Kichernd gehen die beiden Mädchen in ihre Zimmer. Zehn Minuten später beginnt die gleiche Szene von vorne.*

Erstaunlich, daß Kinder immer den ungünstigsten Augenblick aussuchen, um sich zu streiten, zu schlagen oder andere Dummheiten anzustellen. Das ist meistens, wenn die Eltern es gerade am wenigsten vertragen können, während des Kochens, beim Schlafengehen, morgens früh vor der Schule oder vor dem Kindergarten oder beim Essen. Denn dies sind genau die Momente, wo die Kinder mit den stärksten Reaktionen rechnen können, ein Streit lohnt sich also. Wenn die Kinder nämlich alleine oder unbeobachtet sind, brauchen sie sich oft gar nicht zu streiten, es sein denn, es gibt wirklich einen Grund. Die Eltern kriegen es ja gar nicht mit, höchstens man erzählt es ihnen hinterher.

Streiten sich Kinder jedoch, während die Eltern in der Nähe sind, erfüllt der Streit erst seinen Zweck. Die gerade nicht verfügbaren Eltern, die beim Auftreten eines Streits der Kinder meistens schreien, ermahnen, dazwischengehen, strafen, (ver)-urteilen oder Moralpredigten halten, werden im Nu beschäftigt. So werden die Eltern zum Spielball ihrer Kinder. Wenn die Kinder gerne Aufmerksamkeit wollen, aber diese nicht von ihren Eltern kriegen können, da diese mit etwas wichtigerem beschäftigt sind, brauchen sie nur mit anderen Kindern in eine heftige Auseinandersetzung zu geraten und schon sind die Eltern engagiert. Wenn Kinder miteinander streiten, sind oft die Eltern gemeint. Wenn Eltern also wollen, daß ihre Kinder weniger streiten, sollten sie ihnen den Gefallen verwehren, sich in ihren Streit einzumischen.

Nun gibt es nicht nur Streitereien, um Aufmerksamkeit zu erlangen, sondern auch aus Eifersucht, Wut oder anderen Gefühlszuständen heraus. Auch da sollten Eltern sich ganz heraushalten. Indem sie sich mit dem Streitthema des Kindes zu intensiv beschäftigen, geben sie diesem das Gefühl, daß es berechtigt ist.

*Familie L. sitzt beim Mittagessen. Als Frau L. die Pfannkuchen verteilt, fangen ihre Söhne Simon und Manuel einen großen Streit an wegen der Größe der Pfannkuchen. Simon behauptet, wie immer, den kleineren bekommen zu haben, während Manuel zurückschreit, daß das gar nicht wahr sei. Sie schubsen sich und schreien sich an, bis schließlich die Mutter die Teller wieder einsammelt, und alle Pfannkuchen auf gleiche Größe schneidet.*

Wie viele Mütter hat diese Mutter Angst, ihren Kindern das Gefühl zu geben, sie ungerecht zu behandeln. Die Kinder spüren das genau, und nutzen diesen Schwachpunkt aus. Bei jeder Kleinigkeit beginnen sie ein Eifersuchtsspiel, um das schlechte Gewissen der Mutter anzusprechen. Dadurch, daß die Mutter auf diese Szenen reagiert, indem sie versucht, die Pfannkuchen auf gleiche Größe zu schneiden, gibt sie den Kindern das Gefühl, daß ihre Vorwürfe der ungerechten Behandlung berechtigt seien. Denn sie geht darauf ein, und versucht, gerechter zu sein. In Wirklichkeit sind die meisten Eltern sowieso immer bemüht, gerecht zu sein. Sie lassen sich von ihren Kindern aber in das „Vorwürfe-Schlechtes-Gewissen-Spiel" reinziehen, bis sie fast wahnsinnig werden. So gibt es Mütter, die bei jeder Mahlzeit alle Portionen für ihre Kinder vorher abwiegen müssen, um keinem ein Gramm mehr zu geben.

Wenn Eltern also davon überzeugt sind, daß sie ihre Kinder im Großen und Ganzen gerecht behandeln, sollten sie sich auf solche Diskussionen erst gar nicht einlassen.

## AGGRESSION ODER GEWALT?

*Sarah geht mit ihren Schulfreunden in die Stadt zum Bummeln. Einige haben ihre Skateboards dabei, andere sind zu Fuß. Als sie am Marktplatz angekommen sind, steht dort eine Bande von Jugendlichen. Diese Gruppe ist eine ausgesprochene Feindesgruppe der „Skateboarder". Sie stürzen auf die junge Schülergruppe und versuchen, sie zu erwischen. Alle laufen weg, nur Sarah ist zu langsam, um zu fliehen. Einer der Jugendlichen packt sie, schlägt sie und schmeißt sie in einen Fluß. Die Bande läuft weg.*

*Nach einer Weile hilft ihr ein vorbeigehender Fußgänger aus dem Fluß, bestellt ihr ein Taxi und schickt sie nach Hause. Zu Hause verweigert sie es, mit jemandem zu sprechen. Sie ist körperlich und psychisch verletzt. Sie fühlt sich von der Bande getreten und von den Freunden im Stich gelassen.*

Gewalt ist eine Steigerung der Aggression. Ein aggressiver Mensch ist nicht immer gewalttätig, denn Aggression kann ein

Gefühlszustand bleiben, ohne daß es zu Gewalt kommen muß. Gewalt findet dann statt, wenn auf ein aggressives Gefühl eine Handlung folgt. Dies kann sowohl auf psychischer wie auch auf physischer Ebene sein. Der gewalttätige Angriff ist für den, gegen den er gerichtet ist, sehr schmerzhaft. Je weniger greifbar dieser Angriff ist, desto verletzender ist er, da die Abwehr schwieriger ist. Gewalt, die mit Worten ausgeführt wird, findet oft auf einer solch feinen und subtilen Art statt, daß es kein Außenstehender merkt. Nur der Getroffene spürt die psychischen Schläge und fühlt sich hilflos. Denn oft kann er keinem glaubhaft erklären, warum er sich verletzt und „vergewaltigt" fühlt. Körperliche Gewalt hingegen ist offensichtlicher. Auch sie führt zu Hilflosigkeit, da das Opfer sich meist nicht angemessen wehren kann. Doch wenigstens gibt es hier in der Regel eine klarere Schuldzuweisung. Die Öffentlichkeit und das Gesetz schützen ein Opfer physischer Gewalt eher als ein Opfer psychischer Gewalt. Trotzdem ist beides eine unzulässige Handlung, weil sie sowohl die Würde als auch die Rechte des Menschen verletzt.

Für dieses heute so bedrohliche Problem ist die langfristigste Lösung ein Bewußtseinswandel. Daher möchten wir anregen, daß Gesprächsgruppen gegründet werden, in denen das Thema Gewalt offen diskutiert wird. Dies kann in Schulklassen, im Familienkreis oder auf privater Ebene stattfinden. Hilfreich für die Diskussion sind Videofilme, Geschichten, Rollenspiele oder aktuelle Beispiele aus dem Leben oder aus den Medien. Es folgen einige Diskussionsanregungen:

- Was ist Gewalt?
- Wie entsteht Gewalt?
- Gibt es berechtigte Gewalt?

- Was ist der Unterschied zwischen psychischer und physischer Gewalt?
- Gewalt auf der Straße, unter Freunden, in der Schule, in der Familie.
- Welche andere Formen der Gewalt gibt es? Rassismus, Sexismus...
- Wer ist Opfer, wer ist Täter?
- Welche Lösungen für Gewalt gibt es?
- Was soll man tun, wenn man bei einer Gewaltszene dabei ist?
- Kann man sich wehren oder vorbeugen? Wenn ja, wie?
- Was unterscheidet Mut von Vorsicht?

# KAPITEL 9

# IMMER DIESE SCHULE

Es gibt verschiedene Probleme, die mit dem Thema Schule zusammenhängen. Manche Kinder verweigern trotz ausreichender Intelligenz und Begabung, sich schulisch zu engagieren und zu lernen. Andere Kinder haben tatsächlich fachliche Schwierigkeiten in manchen schulischen Bereichen. Diese Kinder gelten oft als dumm oder faul. Wiederum andere Kinder sind zwar sowohl begabt als auch fleißig, erbringen aber nur schwache Leistungen, weil sie unter Prüfungsangst oder Schulangst leiden. All diese Probleme bleiben aber meistens nicht auf die Schule begrenzt, sondern führen auch zu Spannungen und Streitigkeiten zu Hause. Wie sie entstehen und wie man erkennen kann, welches Problem hinter dem schulischen Versagen steckt, wird in diesem Kapitel behandelt. Außerdem geben wir einige Vorschläge, um die Spannungen bezüglich der schulischen Probleme zu entschärfen.

Um einen neuen Weg zu finden, wie man auf ein Problem reagieren kann, ohne es zu verstärken, sollte man das übergeordnete Ziel herausfinden, welches das Kind mit seinem Verhalten zu erreichen sucht. Genaues Beobachten der Prozesse, die zu Hause ablaufen, zeigt uns oft, daß das Kind nicht schulisch versagt, weil es faul, dumm oder an der falschen Schule ist, sondern, weil es mit diesem Versagen ein bestimmtes Ziel verfolgt. Möglicherweise erlangt das Kind dadurch Aufmerksamkeit, Mitleid, Sorge oder andere von ihm erwünschte Reaktionen der Eltern. Geben wir dem Kind diese Reaktionen immer wieder, lernt das Kind, Mißerfolg zu „gebrauchen", um die erwünschte Reaktion zu erhalten.

Kinder, deren Eltern großen Wert auf schulischen Erfolg legen, spüren oft, daß dieses Thema ein „wunder Punkt" bei den Eltern ist. Sie nützen diese Schwachstelle aus, indem sie schlechte Leistungen erbringen und so die Eltern beschäftigt halten. Die Eltern machen sich viele Gedanken und Sorgen, kümmern sich um Nachhilfeunterricht und geben ihren Kindern viel zusätzliche Aufmerksamkeit. Für viele Kinder ist das sehr attraktiv, besonders, wenn sie aufgrund anderer familiärer Schwierigkeiten unter einem Mangel an Aufmerksamkeitszuwendung leiden. Aus dieser Tatsache sollte natürlich nicht der Schluß gezogen werden, daß Eltern sich nicht mehr um die schulischen Leistungen ihrer Kinder kümmern sollen. Es soll lediglich gezeigt werden, daß Kinder die Wünsche der Eltern sehr gut kennen, und sich daher gegenteilig verhalten können, um die Eltern unter Druck zu setzen, damit diese sich ihnen um jeden Preis mehr zuwenden. Eltern sollten die Schule ihrer Kinder zwar wichtig nehmen, aber dem Kind zeigen, daß sein Wert nicht vom schulischen Erfolg abhängig ist. Das Kind sollte spüren, daß es genauso viel emotionale Zuwendung und Fürsorge erhält, unabhängig davon, ob es gute oder schlechte schulische Leistungen erbringt. Förderlich für die Entwicklung des Kindes wäre folgende Haltung gegenüber dem Kind: *Schule ist zwar wichtig, aber wir stehen zu dir, egal wie gut du in der Schule bist. Unsere Beziehung zu dir ist nicht abhängig von deinen Leistungen.*

Spürt das Kind diese Einstellung von Seiten der Eltern, gibt es keine Notwendigkeit, die Liebe der Eltern zu prüfen, indem es ausprobiert, ob seine Eltern es immer noch lieben, selbst wenn es schulisch versagt. Außerdem braucht das Kind nicht mehr die Aufmersamkeit der Eltern durch schlechte Schulleistungen zu gewinnen. Sobald das Kind merkt, daß die Eltern nicht mehr so verkrampft auf die schulischen Leistungen achten, verliert das Versagen in der Schule seinen Reiz. Das Kind wird sich für die Schule so gut vorbereiten, wie es ihm möglich ist.

## KINDER, DIE SCHULISCHE PROBLEME HABEN, OBWOHL SIE INTELLIGENT GENUG SIND

*„Keine Angst, ich komme schon irgendwie durch."*
*„Ja, ja, ich lerne gleich."*
*„Mach' dir keine Sorgen, ich schaffe das schon."*
*Diese Sätze treiben viele Eltern zur Weißglut. Das Kind lernt nicht und vertröstet sie mit solchen Sprüchen. Es verbaut sich seine Zukunft. Warum versteht es das einfach nicht?*

Vielleicht haben Sie so ein Kind, das seine Prüfungen zwar meistens besteht, aber immer mit großer Aufregung. Es lernt nicht viel und strengt sich gar nicht an. Außerdem bewegt es sich immer an der Grenze zwischen Bestehen und Nicht-Bestehen. Von Ihnen verlangt es, ihm doch zu vertrauen und sich nicht einzumischen. Wie kann man da vertrauen und die Ruhe bewahren?

Dieses Kind gehört zu den Kindern, die ein gewisses Maß an Aufregung und Spannung brauchen, um ihr Leben interessant zu finden. Sie benötigen diesen Nervenkitzel sowohl gegenüber sich selbst als auch zu Hause in der Familie. Deshalb betreiben sie oft eine Gratwanderung, um die Spannung für sich und andere aufrechtzuerhalten. Im schulischen Bereich kommen sie immer gerade noch durch, aber nie reibungslos. Ihr ganzer Lebensstil ist darauf ausgerichtet, das Leben so spannend und interessant wie möglich zu gestalten. Dieser Stil setzt sich auch in der Schule fort: Prüfungen werden nicht sehr gut, aber gerade noch bestanden. Den Übergang in die nächsthöhere Klasse schaffen diese Kinder häufig nur nach Ablegen einer Nachprüfung.

Dieser Lebensstil macht aber nur solange Spaß, wie sich die Eltern darüber aufregen. Wenn die Eltern ständig in der Angst leben, daß das Kind versagen könnte, werden sie alles unternehmen, um das Kind zu fördern und zu stützen. Je stärker sich die Eltern aufregen, desto besser tragen sie zur Erfüllung des Zieles ihres Kindes bei, nämlich für Aufregung zu sorgen. Wenn die Eltern sich aber über die Art, mit der das Kind mit der Schule umgeht, nicht mehr ärgern würden, müßte das Kind sich ein anderes Thema suchen, mit dem es seinen Nervenkitzel erreichen könnte. Schulisches Versagen würde keinen Spaß mehr machen, weil es nicht mehr für Aufregung sorgt und so keine Aufmerksamkeit einbringt.

Es kann viele Gründe dafür geben, wie eine solche Haltung entsteht. Will man diese herausfinden, müßte man viel weiter in die Tiefe gehen. Man könnte dabei nach Situationen aus der frühen Kindheit suchen, in welchen eine besonders aufregende oder kritische Situation dem Kind dazu verholfen hat, in den Mittelpunkt der Aufmerksamkeit zu rücken. Möglicherweise könnte auch eine Nachahmung des Lebensstils der Eltern die Ursache für diese Haltung sein. Da die Entstehung eines solchen Lebensstils jedoch individuell verschieden ist und außerdem zur Lösung des vorhandenen Schulproblems nicht wesentlich beiträgt, wird hier darauf nicht weiter eingegangen.

Der erste Schritt zur Auflösung dieser festgefahrenen Situation ist, daß die Eltern an ihrer Einstellung arbeiten. Statt

Angst zu haben, daß das Kind versagen könnte, sollte die neue Haltung sein: *Mein Kind darf ruhig versagen, obwohl ich das schade finde. Mein Kind ist trotzdem okay. Ich mache meine Beziehung zu meinem Kind nicht abhängig von seinem schulischen Erfolg.*

Ein weiterer Schritt besteht darin, sich folgendes bewußt zu machen: Wenn das Kind Aufregung braucht und sie darum auch erzeugt, indem es die schulischen Anforderungen immer nur knapp besteht, wäre eine Lösung, als Eltern aufzuhören, das Kind in diesem Bestreben zu unterstützen. Ein hilfreiche Haltung von Seiten der Eltern könnte sein: *Wenn du das brauchst, dann ist das für dich okay. Ich aber mache das nicht mit. Ich gehe nicht mit dir durch deine ständigen Schwankungen und Ängste, weil ich das nicht brauche.* Natürlich wird das Kind trotzdem noch eine Weile damit weitermachen, aber schließlich wird es erkennen, daß die Eltern wirklich nicht mehr mitmachen, indem sie sich nicht mehr um die schulischen Aufgaben des Kindes kümmern. Es muß sich seinen Nervenkitzel woanders suchen oder ganz damit aufhören. Doch wird es eine Art finden, welche die Eltern nicht betrifft. Es ist unwahrscheinlich, daß es sich dafür weiterhin die Schule aussucht, da diese besonders für die Eltern ein heikles Thema darstellte. War das oberste Ziel des Kindes nämlich, durch diesen Nervenkitzel die Aufmerksamkeit auf sich zu lenken, werden Schulprobleme ihm diese Erfüllung nicht mehr geben.

Interessant ist in diesem Zusammenhang noch das Bild, das die Eltern von ihrem Kind haben. So gibt es Eltern, die ihr Kind als „armen Kerl" sehen, der sich immer anstrengen muß und immer bangen muß, ob er noch durchkommt oder nicht. Sie sehen nicht, daß er besser könnte, wenn er nur wollte. Statt über den Grund seines Unwillens nachzudenken, grübeln sie über sein Nicht-Können. Darum geben sie ihm viel Hilfe, um ihn, so weit es geht, zu entlasten. Sie erkennen nicht, daß Mitleid und Sorge für das Kind erwünschte Formen der Zuwendung sind und sein Versagen aufrechterhalten.

Für den Fall, daß das Kind Mitleid erregen will, indem es seine Bedürftigkeit zur Schau stellt, sollten Eltern diese Bedürftigkeit nicht durch zusätzliche und unnötige Hilfeleistung unterstützen. Sonst wird seine Tendenz, sich bedürftig zu zeigen, gefördert. Das Kind darf dann nicht mehr lernen, weil es sonst die Zuwendung der Eltern verliert.

Oft ist es auch eine Vertrauensfrage, ob Eltern ihrem Kind zutrauen, seine schulischen Angelegenheiten selbst zu schaffen.

Wenn nun das Kind das Bedürfnis hat, Aufmerksamkeit und Zuwendung zu bekommen und daher in schulischen Themen dauernd für Aufregung sorgt und die Eltern dieses Spiel nicht mehr unterstützen, indem sie ihm die geforderte Aufmerksamkeit nicht mehr geben, stellt sich folgende Frage: Auf welche andere Art kann dem Bedürfnis des Kindes nach Aufmerksamkeit nachgekommen werden, damit es für seine Entwicklung eher förderlich ist? Die Zuwendung, die wir dem Kind geben, sollte positiver Art sein. Eine Haltung, die zeigt: *Ich glaube daran, daß du es schaffst!*, hilft dem Kind viel mehr als Kritik, Drohung, Angst, Diskussion oder Streit.

Denn die Unterstützung, die das Kind eigentlich braucht, ist unser Vertrauen. Was es aber durch unsere Vorwürfe bekommt, ist Ablehnung. Durch unser ständiges Helfen, in der Form von Nachhilfe, Abfragen oder Hausaufgaben überprüfen zeigen wir unser Mißtrauen und unsere Angst, daß das Kind versagt. Damit drängen wir das Kind regelrecht dazu zu versagen. Bieten wir dem Kind Hilfe an, die es eigentlich nicht braucht, so zeigen wir dem Kind, daß es unfähig ist. Dadurch wird es langsam tatsächlich unfähig, weil wir ihm erstens dieses Selbstbild vermitteln, und zweitens nicht die Gelegenheit geben zu lernen, sich selbst Hilfe zu holen, wenn es welche braucht.

Andere Eltern wissen, daß ihr Kind viel besser sein könnte und daß es intelligent genug ist. Sie lassen sich also nicht auf die „Armer Kerl"-Masche ein. Sie haben kein Mitleid mit dem Kind, sondern betrachten es als rebellisch, faul oder unvernünftig. Sie sprechen ihm gut zu, erklären ihm die Notwendigkeit des schulischen Erfolgs für eine glückliche Zukunft oder zwingen es durch Maßnahmen verschiedener Art zum Lernen. Möglicherweise kann man ein Kind durch Strafen und Drohungen dazu zwingen, in seinem Zimmer zu bleiben und sich über sein Bücher zu setzen, aber es ist völlig ausgeschlossen, ein Kind dazu zu zwingen, den gedruckten Stoff in sein Gehirn aufzunehmen. Denn die Kontrolle über das, was ins Gehirn aufgenommen wird, liegt bei jedem Menschen selbst. Dieselbe Unmöglichkeit der Zwangsausübung gilt übrigens auch für die Themen Essen und Schlafen. Diese Methode ist also meistens wenig fruchtbar und führt eher noch zum Gegenteil, zu mehr Trotz, Widerstand und Streit. Auch dieses Kind erreicht sein Ziel. Es bekommt viel Aufmerksamkeit von seinen Eltern, wenn auch negative. Die Eltern machen sich viele Sorgen, sie gehen zu Lehrern und sprechen über das Kind und zerbrechen sich Tag und Nacht den Kopf darüber, wie der „rebellische Kerl" wieder auf die rechte Bahn gelenkt werden kann.

Das Ziel dieser Kinder ist es, sich mit den Eltern auf einen Machtkampf einzulassen. Die Schule wird als Waffe verwendet, um zu prüfen, wer stärker ist. Indem sich die Eltern auf diesen Kampf einlassen, erreichen sie genau das Gegenteil von dem, was sie wollen. Denn das Kind spürt, daß seine Waffe, nämlich das Schulproblem, von dem Gegner als Kampfaufforderung angenommen wird, da dieser auch seine Waffen zieht, in Form von Strafen oder Verboten. Je mehr sich die Eltern also um die schulischen Leistungen des Kindes sorgen und diese kontrollieren, desto schlechter werden diese. Erhält das Kind durch diesen Kampf genügend Macht, macht es immer weiter damit, sich an der Versagensgrenze zu bewegen.

Reicht ihm diese Macht aber nicht aus, versucht es, seine Eltern bis an die Grenzen ihrer Verzweiflung zu treiben, und läßt sich in der Schule durchfallen. Die Einstellung dieses Kindes ist: *Ich verzichte sogar auf den Schulerfolg, wenn ich dich dadurch verletzen kann. Mein Sieg über dich und deine Niederlage sind mir wichtiger als die Schule.*

Die Ursachen für eine solche Haltung können wiederum verschiedener Art sein. Möglicherweise will das Kind sich bei den Eltern rächen. Dieses Vergeltungsbedürfnis kann entstehen, wenn ein neues Familienmitglied in die Familie kommt, wie ein Geschwisterchen, eine Stiefmutter, ein Stiefvater, Großeltern oder andere. Diese neue Person braucht nun mehr Aufmerksamkeit und nimmt daher dem Kind seine bisherige Position weg. Auch Kinder, die sich ungerecht behandelt oder ungeliebt fühlen, können zu solchen Vergeltungsstrategien greifen. Ein weiteres Motiv bei der Entscheidung, schulisch zu versagen, könnte die Rettung der gefährdeten Ehe der Eltern darstellen. Kinder, die spüren, daß die Eltern sich scheiden lassen wollen, setzen alles daran, um diese Ehe zu retten. Oft greifen sie zu Methoden, die den Eltern Sorgen machen, damit sie sich mit ihren Kindern statt mit ihren Eheproblemen beschäftigen müssen. Probleme im Bereich der Schule, des Essens und der Gesundheit eignen sich besonders gut, um die ungeteilte Aufmerksamkeit der Eltern zu gewinnen. Jedes Kind kennt die Schwachpunkte seiner Eltern.

Eine Lösung für Kinder, die es auf Kampf abgesehen haben, ist, sich nicht auf den Kampf einzulassen. Will das Kind kämpfen, indem es nicht lernt oder eine provozierende Bemerkung äußert, könnte dies durch folgende Haltung entkrampft werden: *Ich respektiere deine Entscheidung, nicht zu lernen. Ich glaube daran, daß du die Schule schaffst, aber ich weiß, daß es von deiner Entscheidung abhängt, ob du es willst oder nicht.*

Strebt das Kind aus den oben genannten Gründen nach Vergeltung, ist die Botschaft dahinter meist: *Bitte liebe mich, zeige mir, daß ich dir wichtig bin.* Hören Eltern diese Botschaft zwischen den Zeilen des Geschreis im Streit, können sie diesem Wunsch nachkommen. Mit der Zeit wird es für das Kind unnötig werden, sich bei den Eltern zu rächen.

Erkennen Eltern den tieferen Grund nicht, der hinter dem Schulproblem steckt, also das vom Kind verfolgte Ziel, so kann sich das Schulproblem, das ursprünglich nur der Erreichung dieses Zieles dienen sollte, verfestigen und zu einem tatsächlichen Problem werden.

Bei all diesen Überlegungen muß aber genau unterschieden werden, ob das Kind Schulprobleme hat, weil es diese „braucht", um ein übergeordnetes Ziel zu erreichen, oder ob tatsächlich in bestimmten Bereichen Mängel vorliegen. Wenn man feststellt, daß das Kind Wissenslücken hat aufgrund von Nachholbedarf, Krankheit oder Schwächen in bestimmten Gebieten, ist eine situationsbedingte Hilfe durchaus angebracht. Solange die sachbezogene Hilfe wie Nachhilfe oder Lerntraining nicht aus Angst vor dem Versagen des Kindes geleistet wird, ist sie für das Kind hilfreich. Würde man einem Kind, das tatsächlich schulische Wissenslücken hat, lediglich zeigen, daß man an sein Können glaubt, kann das eher entmutigend wirken. Wir müssen also unterscheiden, ob wir unsere Hilfe aus Angst leisten, oder weil sie tatsächlich benötigt wird.

## SCHLUßFOLGERUNGEN

● Kindern, die durch Versagen oder knappes Bestehen Aufmerksamkeit und Aufregung bekommen wollen, wird der „Wind aus den Segeln genommen", wenn man ihnen keine Aufmerksamkeit mehr für ihr Versagen schenkt. Statt dessen schenkt man ihnen Vertrauen und positive Zuwendung für ihre Erfolge.

● Kindern, die sich hilfsbedürftig zeigen, entweder weil sie Mitleid erregen wollen oder weil sie an sich selbst zweifeln, ist geholfen, indem man ihnen zeigt: *Ich glaube daran, daß du es schaffst*. Durch viel Hilfeleistung unterstützt man nur ihre Selbstzweifel.

● Aus dem Machtkampf mit Kindern, die nach Macht und Vergeltung streben, kann man aussteigen, indem man ihnen zeigt, daß man ihre Entscheidung, nicht zu lernen, respektiert und an einem weiteren Kampf nicht interessiert ist. Diese Kinder brauchen meist viel Liebe und Zuwendung statt Strafe und Druck.

● Kinder, die echte Sachhilfe brauchen, werden durch bloßes Vertrauen in ihr Können eher entmutigt als unterstützt. Sie benötigen Hilfe in den Gebieten, wo sie schwach sind, aber nicht unsere Panikhaltung.

## FACHLICHE SCHULSCHWIERIGKEITEN

Stellt man fest, daß Kinder regelmäßig Mängel in bestimmten schulischen Fächern haben, so darf das nicht als Mangel an Intelligenz oder Begabung gedeutet werden. Schulischer Mißerfolg bedeutet lediglich, daß das Kind mit der Art, wie in der Schule Wissen vermittelt wird, nicht zurecht kommt. Dies kann an der Atmosphäre in der Schule liegen oder an dem System der Schule, das hauptsächlich auf Lohn und Strafe aufbaut. Viele Kinder kommen mit der Bewertung, die in der Schule erfolgt, nicht zurecht. Andere brauchen mehr Zeit. Wiederum andere können nicht in großen Gruppen lernen. Unser konventionelles Schulsystem erlaubt aber keine be*sonderen* Lerngewohnheiten. Wer mit der Schule nicht zurechtkommt, kommt daher auf die *Sonder*schule. Wer aber auf der Sonderschule ist, gilt als minder begabt und weniger intelligent, schnell wird er zum *Sonder*ling in allen Lebensbereichen.

So gibt es Kinder, die besser visuell lernen, das heißt, sie können über das Auge Informationen aufnehmen und verarbeiten. Diese Kinder müssen alles, was sie lernen sollen, entweder in Form von Schrift, Bildern, Theater oder anderen Darstellungen sehen. Andere Kinder lernen am besten auditiv. Sie nehmen Lernstoff über das Gehör auf. Einen Text zu lesen, ohne ihn zu hören, hilft ihnen nicht, um ihn zu verstehen. Diesen Kindern muß man den Lernstoff erzählen, mit ihnen muß viel gesprochen werden. Wiederum andere Kinder lernen über das Gefühl. Sie können Lernstoff nur dann aufnehmen, wenn die Atmosphäre stimmt. Haben sie kein gutes Gefühl oder sind sie in schlechter Stimmung, ist es völlig sinnlos, sich zu bemühen, diesen Kindern etwas beizubringen. Sie sind dann völlig blockiert. Manchen Kindern kann man am besten über Gestaltung und Körperarbeit bestimmte Sachverhalte beibringen. Solche Kinder lernen das Alphabet besser, indem sie die Buchstaben tänzerisch darstellen, oder lernen Rechnen nur mit Kugeln und anderen Figuren, nicht aber mit abstrakten Ziffern.

Aus einer Fehlanpassung der Lernmethode an das Kind entsteht bei diesem häufig Langeweile. Diese wiederum führt zu Konzentrationsstörungen. Es langweilt sich, weil es keinen Zugang zu dem Stoff findet, und fängt an, sich nicht mehr zu konzentrieren. Wenn wir es nun als konzentrationsgestört etikettieren, wird es beginnen, seine Konzentrationsschwierigkeiten beizubehalten und auch auf andere Bereiche zu übertragen.

Ein Beispiel soll das verdeutlichen. Wenn wir versuchen, einem Blinden einen Gegenstand zu zeigen, werden wir feststellen, daß er ihn nicht sehen kann. Er wird ihn auch dadurch nicht besser sehen, wenn wir ihm den Gegenstand immer wieder zeigen.. Statt dessen beginnt er, sich zu langweilen, und sich nicht mehr zu konzentrieren. Der gezeigte Gegenstand interessiert ihn nicht mehr, da er ihn sowieso nicht sehen kann. Es wäre nicht gerecht, diesen Blinden als dumm zu bezeichnen. Würde man ihm den Gegenstand in die Hand geben, könnte er ihn tasten und erfassen und ihn möglicherweise sogar aus einer ganz anderen Perspektive erfahren. Würde dieser Blinde den Gegenstand ganz anders beschreiben als wir, wäre das nicht falsch, sondern es wäre seine Wahrnehmung desselben Gegenstandes.

All diesen verschiedenen Lernstilen wird das konventionelle Schulsystem nicht gerecht. Kann man da dem Kind einen Vorwurf machen? Statt Anklagen an das Kind oder an die Schule zu äußern, wäre es sinnvoller, sich mit dem Lernstil des Kindes zu befassen. Falls ein Schulwechsel in eine alternative Schule nicht möglich ist, kann der in der konventionellen Schule vermittelte Stoff auf eine dem Kind entsprechende Art zu Hause aufgearbeitet werden. Dies geht am besten, indem man verschiedene Lernstile ausprobiert, z.B. spielerische Methoden, Musik oder Zeichnen. Waldorf- oder Montessori-Pädagogik bieten hierzu viele Ideen. Gefühlsbetonten Kindern hilft vielleicht eine ruhige Hintergrundmusik oder ein angenehmes Gespräch vor dem Lernen. Auch Entspannungsübungen und ähnliche Techniken könnten das Kind ansprechen. Dies sollen nur einige Anregungen sein, die beliebig erweitert werden können. Das Ziel ist, das Kind für das Lernen zu interessieren. Diese Methoden können Eltern entweder alleine mit ihrem Kind durchführen, oder mit ähnlich gesinnten Eltern entsprechende alternative Lerngruppen für ihre Kinder gründen.

Neben den Kindern, die besondere Lerngewohnheiten haben, gibt es noch die, welche andere Begabungen und Stärken haben als der Durchschnitt der Bevölkerung. Hierzu gehören die musisch und künstlerisch begabten, die kreativen, die intuitiven und gefühlsbetonten und die hochbegabten Kinder. Auch für diese Kinder ist in unserem Schulsystem meistens kein Platz vorgesehen. Ihre Stärken liegen nicht in den klassischen Schulfächern, daher gelten sie oft als Versager. Erkennt man aber die Stärken des Kindes, kann man es gezielter fördern und so dem Kind und seiner Begabung gerecht werden.

In diesem Zusammenhang ist noch erwähnenswert, daß es kein Zufall ist, in welchen Fächern ein Kind stark und in welchen es schwach ist. Am Beispiel der Fächer Mathematik und Sprache soll die psychologische Bedeutung dieser Fächer kurz erläutert werden.

Mathematik verlangt lösungsorientiertes Denken. Wer mathematische Aufgaben lösen will, muß logisch denken und zu einer Lösung kommen können. Ein mathematisch begabter Mensch lebt weniger in der Gegenwart als in der Zukunft. Er strebt immer nach Lösungen. Kinder, die Schwierigkeiten mit der Mathematik haben, glauben nicht an ihre Fähigkeit, Lösungen für ein Problem zu finden. Ihnen ist nicht geholfen, wenn man ihnen lediglich erklärt, wie das Problem gelöst wird und ihnen damit die Arbeit abnimmt. Diese Kinder müssen nicht nur bei mathematischen Aufgaben, sondern auch im Leben allgemein mehr ermutigt werden, ihre Probleme alleine zu lösen. Sie dürfen nicht das Gefühl haben, daß immer jemand zur Verfügung steht, der ihre Probleme für sie löst.

Sprachliche Fächer erfordern das Beherrschen von Grammatik*regeln* und *Recht*schreibung. Das bedeutet, Regeln einhalten und richtiges Schreiben, sind die Herausforderungen der Sprache. Menschen, die damit keine Schwierigkeiten haben, fällt es im allgemeinen leicht, sich an Regeln zu halten. Kinder, die in diesen Fächern Schwierigkeiten haben, sind meist sehr fehlerorientiert. Sie haben Angst, Fehler zu machen und setzen sich unter den Druck, gut sein zu müssen. Diese Kinder sind oft in übertriebener Weise mit der Gegenwart beschäftigt, weniger mit der Zukunft. Hier und jetzt muß alles gut und fehlerfrei sein. Eine Hilfe für diese Kinder wäre, sie zu entlasten. Wird diesen Kindern Mut gemacht, ruhig Fehler machen zu dürfen, können diese Kinder leichter sprachliche Fähigkeiten erlernen, als wenn sie unter ständigem Leistungsdruck stehen.

## DUMMHEIT, FAULHEIT

Es gibt keine Dummheit. Dummheit wird gelernt, indem Lehrer, Eltern oder Mitschüler diese dem Kind immer wieder einreden und das Kind so zu Dummheit erziehen. Sie nehmen dem Kind alles ab, weil sie glauben, daß das Kind zu dumm ist. Im Laufe der Zeit wird dieses Kind „verdummen".

Fälschlicherweise wird oft behauptet, jemand sei intelligent oder dumm. Es ist jedoch unmöglich, eine Aussage über jemandes Intelligenz zu machen. Denn so etwas wie *eine* Intelligenz gibt es nicht. Jeder Mensch ist in bestimmten Gebieten mehr und in anderen weniger intelligent. So gibt es z.B. sprachliche, naturwissenschaftliche, musische, künstlerische, soziale, kommunikative, handwerkliche und viele andere Arten der Intelligenz. Im allgemeinen Sprachgebrauch ist mit Intelligenz meistens die schulische Intelligenz gemeint. Diese jedoch ist so eingeschränkt auf einige Schulfächer, daß sie zur Gestaltung eines angenehmen Lebens meist wenig beiträgt.

Daher ist es notwendig, bei jedem Kind genau hinzusehen, in welchen Gebieten es seine Begabungen hat, und diese zu fördern. Versagt es in der Schule, spricht das nicht für mangelnde Intelligenz, sondern für eine Unfähigkeit, mit dem rigiden System Schule zurechtzukommen. Eltern dürfen dies gegenüber ihren Kindern ruhig zugeben, damit ein Versagen in der Schule beim Kind nicht zu mangelndem Selbstvertrauen führt.

Allerdings gibt es auch Kinder, die sich dumm stellen, um in Ruhe gelassen zu werden. Vor allem Kinder, die Angst haben, überfordert sind oder an einer Trauersituation leiden, möchten sich zurückziehen. Sie reagieren nicht, sprechen nicht oder lernen nicht, damit sie von den Eltern als dumm eingestuft und in Ruhe gelassen werden. Diese Strategie erfolgt natürlich nicht auf der bewußten Ebene.

Das Gleiche gilt für Faulheit. So wie es keine Dummheit gibt, gibt es auch keine Faulheit. Auch hier ist es notwendig, das übergeordnete Ziel des Kindes herauszufinden. Wie bereits in einem früheren Kapitel erwähnt, gibt es nach Rudolf Dreikurs vier Ziele, die ein Mensch mit den meisten seiner Handlungen verfolgt:

1) Aufmerksamkeit
2) Macht
3) Rache/Vergeltung
4) Rückzug

Wichtig ist, sich als Eltern nicht in dieses Bestreben hineinziehen zu lassen, d.h. dem Kind nicht das zu geben, was es erreichen will, damit es aufhört, sein Ziel auf destruktive Art zu erreichen. Gleichzeitig kann dem Kind aber etwas anderes gegeben werden, um seinem Bedürfnis nachzukommen: Liebe, Wärme, Anerkennung, Vertrauen, positive Zuwendung oder Aufmerksamkeit. Konkret kann dies durch liebevolle Worte der Zuneigung oder Anerkennung, durch Körperkontakt wie Umarmungen und Streicheln, durch Handlungen wie Ausflüge, die dem Kind Spaß machen, oder durch andere Aktivitäten geschehen.

## WIE KANN ICH MEINEM KIND BEIM LERNEN HELFEN?

Wer seinem Kind beim Lernen helfen will, darf nicht vergessen, daß es oft nicht leicht ist, Hilfe anzunehmen. Viele Menschen haben Schwierigkeiten, eine ihnen angebotene Hilfe gerne entgegenzunehmen. Denn oft wird ein Hilfeangebot als Untergrabung der eigenen Fähigkeiten erlebt. Je nachdem wer der Helfer ist und wie das Angebot gemacht wird, reagieren wir verschieden empfindlich. Wer hat noch nicht bei sich gedacht: „Der denkt wohl, ich kann das nicht selber", nachdem ihm jemand seine Hilfe angeboten hat.

So geht es auch unseren Kindern. Gerade sie haben das besonders ausgeprägte Bedürfnis, sich groß und erwachsen zu fühlen. Schulkinder haben es langsam satt, sich alles zeigen und erklären lassen zu müssen. Mit Eintritt in die Schule glauben sie plötzlich, groß und erwachsen zu sein. Wenn sie schon die ersten Buchstaben lesen können, erscheint es ihnen, als haben sie die Welt der Erwachsenen endgültig begriffen. Jeder kennt die altklugen Schulanfänger. Wie demütigend ist es dann, wenn ein Erwachsener kommt, und sagt: „Komm' her, ich helfe dir, dann geht es besser." Oder er sagt: „Das verstehst du noch nicht. Ich erkläre es dir." Kein Wunder, daß die Kinder sich dann wehren, und sagen: „Ich kann es selbst." Viele Streitigkeiten entstehen zu Hause nur aus dem Wunsch der Eltern heraus, dem Kind zu helfen, und aus dem Anliegen des Kindes heraus, den Eltern seine Größe zu demonstrieren.

Tatsache bleibt aber, daß die jungen Schüler/innen trotzdem noch unsere Hilfe brauchen. Viele Dinge wissen sie nicht, und viele Situationen können sie nicht angemessen einschätzen. Es fällt ihnen zum Beispiel schwer, einen Lernplan zu erstellen, um sich auf eine Abfolge von Prüfungen vorzubereiten. Oft ist es auch nicht leicht, bestimmte Fächer völlig ohne Hilfe zu verstehen. Also stellt sich die Frage, wie man dem Kind helfen kann, ohne daß man damit Widerstände herausfordert.

Dafür sollten Eltern auf sein Gefühl „Ich bin schon groß" aufbauen. Wenn sie dies berücksichtigen und dem Kind Erfolgserlebnisse vermitteln, erreichen sie, daß es ihre Hilfe nicht als erniedrigend, sondern als bereichernd empfindet. Dies kann geschehen, indem sie positive Erfolge loben. Außerdem könnten sie dem Kind Aufgaben, die es bewältigen kann, selbst überlassen. So erfährt es das Erfolgserlebnis, sie alleine geschafft zu haben. Dies trifft nicht nur auf Schulaufgaben, sondern auch auf Aufgaben im Haushalt oder Garten zu.

Kontrolliert man das Kind dauernd, gibt man ihm das Gefühl, daß man ihm nicht vertraut. Es fühlt sich dann klein und unfähig. Zeigt man dem Kind statt Kontrolle Interesse, fühlt es sich wichtig und ernst genommen. Aus einer Haltung des Interesses statt der Kontrolle sollte die Methode entstehen, mit der man mit dem Kind lernt. Wie genau diese Methode aussieht, kann jeder sich selbst, entsprechend seinen eigenen Vorlieben und denen des Kindes, aussuchen. Doch ist es wichtig, daß das Kind das Gefühl hat: *Meine Eltern sind an mir interessiert. Ich kann ihnen vertrauen.* Diese Kinder können sich mit schulischen Problemen auch an ihre Eltern wenden, um ihre Hilfe zu suchen. Doch wer geht schon mit einem Problem zu jemandem, von dem er denkt, daß er sich sowieso nicht wirklich interessiert, sondern nur darauf wartet, auf das Problem mit guten Ratschlägen, Strafe, Kritik oder Predigten zu reagieren.

Seinen Eltern zu vertrauen bedeutet, keine Angst vor ihnen haben zu müssen, sondern sich darauf verlassen zu können, daß man in der Not zu ihnen gehen kann, und man gemeinsam einen Ausweg findet. Seinem Kind zu vertrauen, heißt nicht: *Du schaffst alles.* (Das wäre nicht nur naiv, sondern setzt das Kind auch unter starken Druck.) Es bedeutet vielmehr: *Ich habe Vertrauen, daß du mit deinem Problem zu mir kommst, wir uns zusammensetzen und gemeinsam schauen, wie wir dir helfen können.* Mit dieser Einstellung bietet man zwar seine Hilfe an, aber untergräbt nicht die Größe des Kindes, da es über die erwünschte Hilfeleistung mitbestimmen kann. Das Kind bekommt das Gefühl, daß seine Eltern zwar da sind und bereit sind zu helfen, aber auf die Mitarbeit des Kindes angewiesen sind. Damit erreicht man erstens, daß das Kind sich ernst genommen fühlt, und zweitens, daß es nicht verlernt, sich selbst zu helfen.

Wichtig ist in diesem Zusammenhang auch, den Kindern nicht das Gefühl zu geben, daß die Eltern allwissend sind, sonst wird der Wissenserwerb für sie immer unbefriedigend bleiben, da sie einen unerreichbaren Zustand anstreben. Außerdem fühlen sie sich dann immer klein und dumm, bis sie letztendlich resignieren und ihre Wissenssuche aufgeben. Wir ermutigen das

Kind, selbst nach Wissen zu streben, indem wir ihm die Antwort auf seine Frage nicht sofort geben, selbst wenn wir sie kennen, sondern das Kind auffordern, selber nach der Antwort zu suchen. Zum Beispiel könnten wir ihm ein Lexikon zeigen oder es durch Hinweise darauf bringen, selber die Lösung zu finden. Dabei brauchen wir nicht unehrlich zu sein, indem wir dem Kind sagen, wir kennen die Antwort nicht, obwohl wir sie doch kennen. Denn Unehrlichkeit ist für eine Vertrauensbeziehung nur hinderlich. Die Einstellung sollte sein: *Obwohl ich die Antwort weiß, wäre es für dich viel toller, wenn du selbst dahinter kommst.* Wirkliche Helfer brauchen das Gefühl, geholfen zu haben, nicht. Nur „hilflose Helfer" streben nach der Bestätigung: *Gut, daß es mich gibt. Ohne mich wäre der andere verloren.* Diese Menschen helfen, weil sie gebraucht werden wollen und um sich wichtig zu fühlen. Ein aufrichtiger Helfer hingegen hält sich zurück und hilft auf eine unauffällige Art und Weise, so daß der Empfänger der Hilfe nicht unbedingt spürt, daß ihm geholfen wird. Er hilft aus einem Gefühl der Liebe heraus, nicht aus einem Gefühl der Überlegenheit. Auf diese Weise leistet man Hilfe zur Selbsthilfe und stärkt so das Selbstwertgefühl des Kindes. Dadurch, daß es selbst aktiv wird, lernt das Kind auch, Probleme zu lösen, wenn die Eltern nicht verfügbar sind.

Bringt das Kind ein schlechtes Prüfungsergebnis nach Hause, reagieren die Eltern oft mit Vorwürfen, Anschuldigungen, Ratschlägen, Strafen oder anderen Konsequenzen. All diese Reaktionen führen zu Kampf und Verschlechterung der Situation. Aussagen wie: „Du hast nicht genug gelernt" oder „Ich habe dir gleich gesagt, daß du es nicht schaffst" erniedrigen das Kind und bewirken dadurch genau das Gegenteil von dem, was erreicht werden soll. Zum Trotz wird das Kind noch weniger lernen, um zu zeigen, daß es aus dem Kampf als Sieger hervorgeht. Es kann machen, was es will, und hat somit seine Eltern voll im Griff. Hier findet man wieder eines der Motive Aufmerksamkeit, Macht oder Vergeltung.

Nach einer mißlungenen Prüfung könnte eine hilfreiche Reaktion der Eltern sein zu fragen: „Was hat dir gefehlt?" oder „Wie kommt es zu diesem Ergebnis?" Diese Fragen erlauben dem Kind, die Situation selbst zu analysieren. Außerdem ist es leichter, über die eigenen Schwächen zu sprechen, als sie gesagt zu bekommen. Daraufhin könnte man fragen: „Was könntest du machen, um eine Wiederholung dieser Situation zu vermeiden?" So wird das Kind angeregt, aus Fehlern zu lernen, statt Fehler als etwas Schlimmes und Verwerfliches zu betrachten. Denn Fehler können helfen, neue Erkenntnisse und Strategien zu entwickeln.

## PRÜFUNGSANGST UND SCHULANGST

An dieser Stelle soll nicht der Sinn und Unsinn von Schule und Prüfungen diskutiert werden, obwohl dieses Thema auch sehr wichtig wäre. Denn statt Prüfungen als Werkzeug und Wissen als Ziel zu sehen, wird in unserem Schulsystem meistens das Wissen als Werkzeug und die Prüfung als Ziel betrachtet.

Die Kinder heutzutage aber sind diesem Schulsystem ausgeliefert und müssen daher Prüfungen ablegen. Wie kann man also das Beste daraus machen?

Es gibt viele Kinder, die gut lernen und sich auch gründlich auf die Schule und auf ihre Prüfungen vorbereiten, aber trotzdem keine guten Ergebnisse erreichen. Meistens leiden diese Kinder unter großen Ängsten. Sie reagieren mit Bauchschmerzen oder anderen Magen-Darm-Beschwerden. Während der Prüfung können sie sich nicht konzentrieren oder haben sogenannte Blackouts. Diesen Kindern hilft alles Lernen nichts, ihre Ängste erlauben es ihnen nicht, zu einem guten Prüfungsergebnis zu kommen.

Das Gefühl, das diese Kinder vor und während einer Prüfung behindert, ist: *Ich darf nicht versagen.* Sie finden es schlimm zu versagen, und haben deshalb Angst davor. Diese Angst setzt sie unter solchen Leistungsdruck, daß sie es nicht mehr schaffen, das Gelernte anzuwenden, und sie versagen tatsächlich. Dieses Erlebnis vergrößert die Angst beim nächsten Mal, und es entsteht ein Teufelskreis. Eine unterstützende Haltung der Eltern wäre in diesem Fall: *Du darfst versagen.* So wird dem Kind der Druck genommen, und es kann sich auf den Prüfungsstoff konzentrieren.

Betrachten wir die Prüfungssituation einmal näher. Es ist eine Situation, in der das Kind auf sich selbst angewiesen ist. Keiner ist da, der dem Kind zur Hilfe eilt, wenn es welche braucht. Diese Situation fällt besonders solchen Kindern schwer, die von den Eltern abhängig sind, und deren Eltern ihnen immer zur Verfügung stehen.

Eltern können die Atmosphäre oft lockern, indem sie vor einer Prüfung – statt mit zitternder Stimme zu sagen: „Ich drücke dir die Daumen, du Armer" – einen Witz machen oder zeigen, daß sie die Prüfung nicht so wichtig nehmen. Die Haltung der Eltern sollte sein: *Das ist eine Prüfung, und sie ist vielleicht nicht so leicht. Aber es gibt noch viele andere im Leben. Mache nicht so vieles davon abhängig. Es gibt noch mehr Gelegenheiten. Es darf ruhig daneben gehen. Du darfst versagen.* Entmutigend wäre die Haltung: *Es wird schon klappen.* Denn diese Erwartung von Seiten der Eltern setzt das Kind noch mehr unter Druck. Es hat Angst, die Eltern zu enttäuschen, falls es nicht klappt. Vor lauter Angst davor wird es sicher nicht klappen. Wahre Ermutigung bedeutet nämlich: Mut machen, Fehler zu machen.

Eine große Rolle bei der Prüfungsangst wie auch bei der Schulangst spielt die Angst vor der Bewertung durch den Lehrer / die Lehrerin oder durch die Mitschüler/innen. Dies kann durch eine wertschätzende Einstellung von Seiten der Eltern abgemildert werden. Geben die Eltern dem Kind das Gefühl, daß sein Wert von den Schulleistungen unabhängig ist, braucht das Kind eine Abwertung durch andere nicht mehr so sehr zu fürchten. Dies vermindert seine Angst und verbessert damit seine Ergebnisse.

Allerdings kann ein gewisses Maß an Angst auch gesund sein, um das Kind zum Lernen anzuregen. Völlige Angstfreiheit führt nämlich oft zu Gleichgültigkeit.

Kinder mit Schulangst kommen oft aus einem überbehüteten Elternhaus. Die Eltern haben selbst Angst, sich von ihren Kindern zu trennen und erwecken so auch dieses Gefühl in den Kindern. Aussagen wie „Da mußt du jetzt durch" oder „Du mußt jetzt in die Schule gehen" weisen das Kind auf die Bedrohlichkeit der Schule hin. Daher ist es wichtig, daß Eltern bei sich selbst schauen, unter welchen Trennungsängsten sie leiden und diese nicht auf das Kind übertragen. Dasselbe gilt auch für Eltern von jüngeren Kindern, die sich weigern, in den Kindergarten zu gehen.

Hat das Kind Schulangst, ist es wichtig, dem Kind zu zeigen, daß man seine Angst zwar zur Kenntnis nimmt, sie aber nicht mit ihm teilt. Der Schulangst mit all ihren Begleitsymptomen wie Bauchschmerzen, Durchfall, Fieber und Kopfschmerzen darf nicht soviel Bedeutung geschenkt werden, sonst benutzt das Kind sie, um Aufmerksamkeit und Fürsorge auf sich zu lenken. Möglicherweise fängt es dann auch an zu glauben, daß seine Angst berechtigt sei. Die Zuwendung, die das Kind durch seine Ängste und deren Begleitsymptome erhält, ist so positiv, daß es das Angstgefühl dafür gerne in Kauf nimmt. In diesem

Fall hilft es dem Kind, wenn die Eltern zu dem Kind, das wieder mal nicht in die Schule gehen will, weil es Bauchschmerzen hat, sagen: „Jetzt gehst du. Wenn du Angst hast, schau', daß du selber damit fertig wirst." Obwohl das hart klingt, ist es hilfreich. Denn Menschen, die vor etwas Angst haben, überwinden ihre Angst meistens erst dann, wenn sie alleine mit der Angstsituation konfrontiert sind. Wenn sie keinen Nebenerfolg wie Aufmerksamkeit, Sorge oder Mitgefühl mehr haben, merken sie erst, daß die Angst ihnen nichts als Probleme einbringt, und sie können sich entscheiden, keine Angst mehr zu haben. Aus der Not, sich keine Hilfe holen zu können, müssen sie eigenständig eine Strategie entwickeln, um ihre Angst abzubauen. Je eher wir damit beginnen, unser Kind für seine Ängste selbst verantwortlich zu machen, desto besser fördern wir seine Entwicklung.

Oft haben Kinder mit Schulangst auch Eltern, die selbst der Schule und dem Schulpersonal sehr kritisch gegenüberstehen oder -standen. Diese Einstellung wird auf ganz subtile Art vermittelt, wenn sie auch nicht offen ausgesprochen wird. Eltern, die Schule als bedrohlich empfinden, sich über Lehrer dauernd ärgern und das Schulsystem ständig kritisieren, dürfen sich nicht wundern, wenn ihre Kinder sich weigern, zur Schule zu gehen. Die Angst und Ablehnung der Eltern überträgt sich auf ihre Kinder wie eine ansteckende Krankheit, schneller als man glaubt. Dies trifft übrigens auch auf andere Ängste zu. In diesem Fall ist es wichtig, daß die Eltern erstens an ihrer eigenen Angst arbeiten, und zweitens, diese mit dem Kind besprechen. Sie sollten ihm zeigen, daß ihre Angst nicht unbedingt berechtigt ist und daher vom Kind nicht übernommen werden muß. Wird dies dem Kind offen gesagt, ist es nicht mehr verpflichtet, aus Loyalität gegenüber den Eltern deren Ängste zu übernehmen.

Hierbei darf natürlich nicht vergessen werden, daß diese Grundsätze nur dann gelten, wenn kein ernsthafter Anlaß zur Angst besteht. Bei Schulangst ist es ratsam zu überprüfen, ob in der Schule etwas vorgefallen ist, was dem Kind Angst eingejagt hat. Möglicherweise kann auch eine Form von Ungerechtigkeit, Gewalt, Diskriminierung oder Mißhandlung vorliegen, die, obwohl das Kind sie nicht benennen kann, verständlicherweise zu Schulangst führt. Liegen irgendwelche Gründe dieser Art vor, ist es notwendig, sie zu beseitigen, indem Lehrer, Direktor oder Schulpsychologen darauf aufmerksam gemacht werden.

# KAPITEL 10

# ZERSTRITTENE UND GETRENNTE ELTERNHÄUSER

Viele Kinder wachsen in einer Familie auf, in der es häufig zu Streitereien kommt. Sie erleben viel Geschrei, Spannungen, Eifersüchteleien oder stille Vorwürfe und Kritik zwischen den Eltern. Oft bleibt es nicht nur bei der psychischen Gewalt, sondern es kommt auch zu körperlicher Gewalt und Aggression. Im Laufe der Jahre lassen sich viele Eltern scheiden. Oft machen sie sich erst dann Sorgen um das Wohlergehen ihrer Kinder, die nun getrennte Eltern haben. Doch sie vergessen, daß die Trennung in Wirklichkeit schon viele Jahre vor der Scheidung eingetreten ist. Schon lange spüren die Kinder, daß die Eltern sich nicht mehr verstehen. Die Auswirkungen auf die Kinder fangen also nicht mit dem Tag der Scheidung an, sondern beginnen schon viel früher. Auch wenn die Eltern noch nicht geschieden sind oder noch gar nicht vorhaben, sich scheiden zu lassen, leben viele Kinder in der ständigen Angst, daß ihre Eltern aufhören könnten, sich zu lieben und sich trennen. Nicht alle Kinder reagieren auf gleiche Art und Weise auf eine solche Bedrohung. Die Art und Intensität der Reaktion ist abhängig vom Charakter des Kindes und von der Art des Konflikts der Eltern und wie diese damit umgehen. Außerdem spielt es eine große Rolle, in welcher Geschwisterposition sich das Kind befindet, welches Alter und Geschlecht es hat und wieviel Unterstützung es von anderen Personen wie Großeltern, Freunden oder Verwandten erhält.

## REAKTIONEN DER KINDER

Es gibt verschiedene Reaktionen, die Kinder in Konfliktfamilien entwickeln können. Eine weit verbreitete Reaktion ist, die Verantwortung für das Wohlergehen der Eltern auf sich zu nehmen. Das Kind spürt, daß seine Eltern sich nicht mehr verstehen und unglücklich sind, also setzt es alles daran, die Beziehung der Eltern wieder zusammenzufügen. Eine Möglichkeit ist, brav zu sein und den Eltern so viele Freuden wie möglich zu bereiten. Dieses Kind bemüht sich dauernd darum, daß die Eltern es schön miteinander haben. Jüngere Kinder machen ihren Eltern kleine Geschenke, während ältere Kinder den Eltern gute Mahlzeiten bereiten oder ihnen Gutscheine für einen „Abend zu zweit" schenken. Diese Kinder werden also zu Eltern ihrer eigenen Eltern, sie passen auf ihre Eltern auf.

Effektiver erweist sich aber oft eine radikalere Methode, um Eltern zu vereinen, nämlich die sogenannte Symptomentwicklung. Kinder, die diese Strategie wählen, entwickeln ohne ersichtlichen Grund Symptome, also Probleme, die für die Eltern sehr belastend sind. Diese können sowohl auf dem Gebiet der körperlichen oder seelischen Gesundheit sein als auch im Kindergarten oder in der Schule. Je wichtiger ein bestimmtes Thema – sei es Essen, Schlafen, Schule oder Gesundheit – den Eltern ist, desto besser eignet es sich zur Symptomentwicklung. Denn nur so gewinnt das Kind die volle Aufmerksamkeit und Fürsorge beider Elternteile. Sind diese nun besorgt um das

Wohlergehen ihres Kindes, müssen sie ihre eigenen Probleme zunächst zurückstellen, um sich um das Kind zu kümmern. Mit vereinten Kräften versuchen sie, das Kind wieder zurechtzubiegen. Das Kind hingegen wird sich hüten, sein Symptom abzugeben, denn es will die Wiedervereinigung der Eltern um keinen Preis gefährden. Dafür lohnt es sich sogar, das Symptom beizubehalten.

Aus dieser Neigung zur Verantwortungsübernahme entsteht noch eine weitere Reaktion auf elterliche Konflikte, nämlich das Schuldgefühl. Es gibt zwei Arten von Schuldgefühlen. Eine davon ist, das Gefühl zu haben, an den Schwierigkeiten der Eltern schuld zu sein. Dieses Schuldgefühl läßt sich leicht beheben, indem die Eltern mit dem Kind offen und klar sprechen und ihm zeigen, daß die Konflikte der Eltern nichts mit dem Kind zu tun haben. Schwieriger zu beheben ist die zweite Art von Schuld, die das Kind auf sich nimmt. Hier merkt das Kind, daß es nicht in der Lage ist, die Beziehung der Eltern zu retten, und fühlt sich dafür schuldig. Diese Schuld entsteht also aufgrund des bereits erwähnten Verantwortungsgefühls für die Eltern. Solchen Kindern ist nicht geholfen, wenn man ihnen klarmacht, daß sie keine Verantwortung zu übernehmen brauchen. Sie werden nur entlastet, wenn sie tatsächlich erleben und spüren, daß die Eltern verantwortungsvoll mit ihren Konflikten umgehen und damit selbst Verantwortung übernehmen. Zeigen die Eltern dem Kind, daß sie bemüht sind, die Beziehung zu retten, braucht das Kind diese Aufgabe nicht zu übernehmen. Eine Möglichkeit wäre, dem Kind nach einem Streit, der gelöst wurde, das Lösungsergebnis oder den Lösungsweg mitzuteilen. Außerdem sollten die Eltern vermeiden, das Kind in die Konflikte miteinzubeziehen oder es gar um Rat zu fragen. So drängen sie das Kind in eine Position, der es nicht gewachsen ist. Es fühlt sich gezwungen, Verantwortung zu übernehmen, und entwickelt Schuldgefühle. Vor allem Kinder, die wissen, daß sie eigentlich nicht geplant waren, neigen besonders zur Übernahme von Schuldgefühlen. Sie glauben oft, durch ihre Existenz die Beziehung der Eltern gestört zu haben.

## LOYALITÄTSKONFLIKTE

Besonders verhängnisvolle Folgen werden beobachtet, wenn ein Elternteil sich vor dem Kind abfällig gegen das andere Elternteil äußert. Dadurch gerät das Kind in einen Loyalitätskonflikt. Es wird gezwungen, Partei zu ergreifen, um gegenüber einem Elternteil, meist dem, der das Sorgerecht hat, loyal zu sein. Diese Koalitionen zwischen Eltern und Kindern führen dazu, daß das Kind sich zerrissen fühlt und glaubt, sich für ein Elternteil entscheiden zu müssen. Dies wiederum geht nicht, weil dem Kind Mutter und Vater in gleichem Maße wichtig und lieb sind. So kann es zu massiven Störungen auf körperlicher oder psychischer Ebene kommen. Denn jedes Kind liebt und braucht seine Eltern, unabhängig davon, ob diese sich liebenswert verhalten oder nicht. Es kann und will sich nicht entscheiden müssen. Oft wird vergessen, daß Mutter und Vater für das Kind immer Mutter und Vater bleiben, auch wenn diese sich schlecht benommen, das Kind vernachlässigt oder verstoßen haben. Selbst ein Kind, das seinen Vater nie gesehen hat, weiß, daß es einen Vater hat. Es hat in seinem Gefühl ein Bild von diesem Vater, es hat eine eigene Beziehung zu diesem und es braucht ihn. Zwar sind diese Gefühle oft eine Mischung aus Liebe und Wut, doch sind sie trotzdem vorhanden. Wenn man manchmal den Eindruck hat, ein Kind sei gegenüber einem Elternteil oder beiden Eltern gleichgültig gesinnt, so ist das meistens nur ein Schutz, den sich das Kind aufgebaut hat, weil der Gedanke an den verlorenen Menschen zu schmerzhaft ist. Möglicherweise zeigt es auch diese Gleichgültigkeit nur, um in Ruhe gelassen zu werden oder keine Besorgnis zu erregen. Aus diesen Gründen ist es sehr wichtig, daß beide Eltern während und nach einer Trennung sich darum bemühen, eine intensive Beziehung zu ihrem Kind aufrechtzuerhalten. Selbst wenn es dabei Schwierigkeiten gibt, wie Bedrohungen durch das Elternteil mit Sorgerecht oder andere Hindernisse, so sollte das nicht zum Rückzug oder zur Resignation führen. Nur dadurch kann dem Kind die Sicherheit gegeben werden, daß seine Eltern es nicht im Stich lassen, selbst wenn sie nicht mehr zusammenleben.

## AUSWIRKUNGEN DER ELTERLICHEN KONFLIKTE AUF DIE ENTWICKLUNG DER KINDER

Wissenschaftliche Studien zum Thema der Auswirkungen der elterlichen Konflikte auf die Entwicklung der Kinder[1] zeigen:

Nicht die Trennung oder Scheidung per se ist Ursache für die Entstehung von Kindheitsproblemen, sondern die damit verbundenen Konflikte zwischen den Eltern führen zu Verhaltensstörungen bei Kindern. Folgende Ergebnisse bestätigen diese Aussage:

1. Mehr Verhaltensstörungen treten bei Kindern auf, deren Eltern sich durch Scheidung trennten als bei jenen, deren Eltern durch einen Todesfall getrennt wurden.

2. Kinder, die aus konfliktbeladenen Familien kommen, die aber nicht getrennt leben, weisen mehr Verhaltensprobleme

---

[1] aus: Emery, R.E. (1982). Interparental conflict and the children of discord and divorce.

auf als solche, die aus Familien kommen, die zwar getrennt sind, aber keine großen Konflikte mehr austragen.

3. Geschiedene Ehen wie auch konfliktbeladene „intakte" Ehen führen zu ähnlichen Verhaltensstörungen bei Kindern, dabei vor allem zu aggressivem Verhalten und zu Rückzugsverhalten.

4. Kinder, deren Eltern sich scheiden lassen und nach der Scheidung weiterhin ihre Konflikte austragen, haben größere Probleme als solche, deren Eltern nach der Scheidung mit den Streitereien aufhören.

5. Viele der Probleme, die Kinder haben, sind schon lange vor dem Zeitpunkt der Scheidung vorhanden, da die Familie viel früher „zerbrochen" ist.

Es zeigt sich also, daß Verhaltensprobleme bei Kindern aufgrund der zahlreichen Konflikte im Elternhaus entstehen, unabhängig davon, ob es zu einer Scheidung kommt oder nicht. Daraus kann man schließen, daß Kinder aus konfliktreichen Familien einem größeren Störungsrisiko ausgesetzt sind als Kinder aus geschiedenen Familien, deren Spannungen sich gelegt haben.

Allerdings sollte das nicht zur Konsequenz haben, daß Eltern sich bei schwierig erscheinenden Konflikten scheiden lassen. Denn für das Kind ist es wichtig, beide Elternteile zu Hause zu haben und zu erleben, daß diese konstruktiv mit ihren Problemen umgehen können. Auf welche Weise Konflikte innerhalb des bestehenden Rahmens gelöst werden können, gehört nicht zum Inhalt dieses Buches. Es sei nur darauf hingewiesen, daß es viele spezialisierte Fachleute gibt, die Eltern in solchen Situationen helfen können.

Die Ergebnisse der Befunde geben folgende Ratschläge[2]:

1. Eltern sollten sich bemühen, ihre Kinder so wenig wie möglich in ihre Konflikte miteinzubeziehen. Wenn Kinder Konflikte erleben, sollte ihnen auch die Lösung mitgeteilt werden.

2. Sie sollten zumindest vor dem Kind in ihren Erziehungsmethoden Einigkeit zeigen.

3. Jedes Elternteil sollte individuell eine gute Beziehung zu dem Kind aufrechterhalten.

4. Eltern sollten sich um eine gute Beziehung mit dem geschiedenen Partner bemühen.

5. Sie sollten sich über die negativen Auswirkungen ihrer Konflikte auf die Kinder bewußt sein und, wenn nötig, fachliche Hilfe in Anspruch nehmen.

---

[2] aus: Emery, R.E. (1982). Interparental conflict and the children of discord and divorce.

# KAPITEL 11

# WIR KÖNNEN NICHT MITEINANDER REDEN

Ein häufiges Problem zwischen Menschen ist die Kommunikation. Wo auch immer Menschen zusammenkommen, ob in der Freizeit, in der Arbeit, in der Familie oder in anderen sozialen Ebenen, ist die Kommunikation das wichtigste Element im Umgang miteinander. Dies beschränkt sich nicht nur auf verbale Kommunikation, es kann sich auch auf der nichtsprachlichen Ebene abspielen, in der Körperhaltung, in der Bewegung, im Gesichtsausdruck, in den Blicken und auf vielen anderen Kanälen. Beobachtet man sein Gegenüber genau, erhält man viel mehr Information über das, was wirklich in ihm vorgeht, als allein durch seine Worte. Tiefe Gefühle wie Ängste, Wut, Zweifel, Sorgen oder auch Liebe und Bewunderung werden in der Wortsprache oft versteckt, die Körpersprache hingegen zeigt dem aufmerksamen Beobachter ihre wahre Natur. Nur wenigen geübten Menschen gelingt es, ihre Gefühle selbst in der Körpersprache zu leugnen.

Jeder kann ausprobieren, welch neue Dimensionen sich in einer Person eröffnen, wenn man statt nur zuzuhören genau hinschaut. Plötzlich sieht man Angst, Furcht oder Besorgnis, während die Sprache genau das Gegenteil berichtet. Schafft man es, sowohl zu hören wie auch zu sehen, kann man die Diskrepanzen zwischen dem Gesprochenen und dem Gezeigten erkennen. Will man einen Menschen besser verstehen, muß man das Ganze in ihm sehen können. Nicht jeder will es zeigen und nicht jeder will es sehen, doch in der Familie ist die Kenntnis des gesamten Wesens notwendig.

Kommunikationsprobleme in der Ehe füllen ganze Buchbände. Darum hier einige Worte zur Kommunikation zwischen Eltern und Kindern. Viele Eltern beklagen sich, daß ihre Kinder nicht mit ihnen reden. Gleichzeitig fühlen viele Kinder sich mißverstanden. Kommunikationsmängel übertragen sich oft über Generationen von Familie zu Familie. Sie verhalten sich wie eine „Erbkrankheit". Eltern, die als Kinder nur wenig mit ihren Eltern kommuniziert haben, übertragen diese Kommunikationsschwäche. Sie haben nicht gelernt, daß und wie man tiefe Gespräche führt. Die Gespräche drehten sich um Alltagsdinge wie Essen, Schlafen, Schule, Hausaufgaben oder Kleider, nicht aber um Gefühle, Gedanken, Lebensfragen, Sinnfragen oder etwa religiöse Fragen. Wird das Kind nicht ermutigt, sich über solche Dinge verbal auszutauschen, verlernt es, darüber mit anderen zu kommunizieren. Abgesehen davon, daß die Kommunikation über tiefe Lebensfragen hilfreich ist, um sich weiterzuentwickeln, kann der Mangel an verbaler Ausdrucksfähigkeit über diese Themen auch dazu führen, daß das Kind den Zugang zu seinen Gefühlen verliert und sich so immer weniger kennt und versteht. Um seine eigenen Gefühle kennenzulernen, ist es hilfreich, sie so genau wie möglich in Worte zu fassen und zu beschreiben. Ob im Gespräch oder in Schrift kann eine Beschreibung der Gefühle helfen, sich selber näher zu kommen. Dadurch kommt man auch den Mitmenschen näher.

Ein anderer Grund für „Sprachlosigkeit" liegt in einem Sprechverbot, das Eltern ihren Kindern auferlegen, wenn sie verhindern wollen, daß das Kind Schwierigkeiten oder gar Traumata, die es zu Hause erlebt, nicht weitererzählt. Häufig kommt dies in Familien vor, bei denen es zu Gewalt oder gar zu sexuellem Mißbrauch gekommen ist. Eine von Eltern auferlegte Schweigepflicht hindert das Kind daran, über seine Erlebnisse zu sprechen. Die erfahrenen Traumata werden zu unüberwindbaren Knotenpunkten, die unausgesprochen an der Persönlichkeit nagen und diese behindern.

## WIE KANN DIE KOMMUNIKATION ZWISCHEN ELTERN UND KINDERN VERBESSERT WERDEN?

Wesentliche Voraussetzung für eine verbesserte Kommunikation ist natürlich die Regelmäßigkeit. Spricht man nicht regelmäßig miteinander, verliert man schnell den Faden und damit den Kontakt zum anderen. Dies gilt sowohl für die einzelnen Familienmitglieder untereinander wie auch für die Familie als Ganzes. Für manche Familien ist es hilfreich, einen fest vereinbarten Zeitpunkt in regelmäßigen Abständen zu wählen, an dem sie ihren „Familienrat" durchführen, andere Familien ziehen es vor, sich spontan für eine Familienberatung zu entscheiden. Wichtiger als der Zeitpunkt ist die Kontinuität und die Atmosphäre, in denen diese Beratungen stattfinden. Sprechen die Familienmitglieder freundschaftlich, ehrlich und mit einer liebevollen Haltung miteinander, kann die Beratung fruchtbar werden. Kämpfen sie nicht um ihr eigenes Wohl, sondern bemühen sich, daß alle Bedürfnisse gehört und berücksichtigt werden, kommen die Familienmitglieder in diesem Gespräch möglicherweise auf Gedanken, auf die sie alleine nie gekommen wären. Spüren die Kinder, daß ihre Meinung auch gefragt, wichtig und interessant ist, brauchen sie diese nicht mit Gewalt durchzusetzen, sondern können den Respekt, der ihnen entgegengebracht wird, auch ihren Eltern gegenüber zeigen.

Sieht eine Mutter, daß ihr Kind mit einem traurigen Gesicht nach Hause kommt, kann sie dieses beim Kind ansprechen. Dem Kind hilft es, wenn seine Gefühle von jemandem ausgesprochen werden. So kann die Mutter sagen: „Ich spüre, daß du traurig bist. Hattest du in der Schule Schwierigkeiten?" Kommt das Kind aus der Schule und schreit als erstes sein Geschwisterchen an, kann die Mutter sagen: „Ich sehe, daß du wütend bist. Was ist denn vorgefallen, das dich wütend gemacht hat?" Spürt das Kind, daß die Mutter seine Gefühle wahrnimmt, findet dadurch Kommunikation statt. Die nonverbale Sprache des Kindes war effektiv. Sie wurde von der Mutter begriffen. Das Kind fühlt sich verstanden und geborgen.

# NACHWORT

Wenn dieses Buch einige Fragen beantwortet und neue Einsichten zur Erleichterung der Kindererziehung vermittelt hat, dann ist die Kommunikation zum Leser gelungen.

Wenn Eltern sich dessen bewußt sind, daß jede Handlung ihres Kindes ein Ziel verfolgt und daß dieses Ziel erkannt werden muß, um es auf konstruktive Art zu erfüllen, sind sie einen Schritt weiter in ihrem täglichen Kampf gegen das Fehlverhalten ihres Kindes.

Beginnen Eltern, ihre Kinder zu Eigenverantwortung und Geistigkeit zu erziehen und gehen sie diesen Weg durch Vorbild statt durch Worte, entwickeln sich aus den Kindern Erwachsene, die tief in sich Verantwortung und Selbstachtung tragen.

Geben Eltern ihren Kindern Halt und lassen diese gleichzeitig los, werden daraus unabhängige Menschen, die zu eigener Urteilsbildung fähig sind und danach streben, der Gemeinschaft zu dienen.

Sie besitzen ein starkes Rückgrat.

# QUELLENVERZEICHNIS

- Bettner, Betty Lou & Lew, Amy: Kindern eine Chance geben. München 1992
- De Saint-Exupéry, Antoine: Der kleine Prinz. Düsseldorf 1956
- Dinkmeyer, Don & McKay, Gary D.: STEP. The Parent's Handbook. 1989
- Dreikurs, Rudolf & Seitz, Vicki: Kinder fordern uns heraus. Stuttgart 1992
- Dreikurs, Rudolf: Selbstbewusst. Die Psychologie eines Lebensgefühls. München 1996
- Dreikurs / Grunwald / Pepper: Lehrer und Schüler lösen Disziplinprobleme, Weinheim 1995
- Dreikurs, Rudolf / Blumenthal, Erik: Eltern und Kinder – Freunde oder Feinde. Stuttgart 1989
- Gibran, Khalil: Der Prophet, Freiburg 1998
- Gordon, Thomas: Familienkonferenz. Hamburg 1974
- Palazzoli, Mara Selvini: Die psychotischen Spiele in der Familie, Stuttgart 1996
- Popov-Kavelin, Linda / Popov, Dan / Kavelin, John: The Virtues Guide. A Family Handbook. Fountain Hills 1995
- Schoenaker, Theo & Julitta / Platt, John M.: Mit Kindern in Frieden leben, Sinntal-Züntersbach 1999
- Ziele der Kindererziehung. Textzusammenstellung. Hofheim/Ts. 1979

# DIE AUTOREN

*Fari Khabirpour*, Jahrgang 1951, verbrachte seine Kindheit und Jugend in Luxemburg. Studium der Psychologie und Pädagogik an der Universität Zürich. Promovierte unter der Leitung von Prof. Dr. Karl Widmer. Therapeutische Ausbildung am Alfred-Adler-Institut Zürich. Mitbegründer, langjähriger Präsident und Lehranalytiker der Luxemburgischen Gesellschaft für Individualpsychologie nach Alfred Adler. Langjähriger Lehrbeauftragter des „Institut des Etudes Educatives et Sociales" in Luxemburg. Früherer Leiter des SOS-Kinderdorfes in Luxemburg. Mehrjährige Tätigkeit als Koordinator für die Weiterbildung von Erziehern bei der „Entente des Foyers de Jour", Familienministerium in Luxemburg. Zur Zeit ist Fari Khabirpour im Bereich der luxemburgischen Schulpsychologie als Direktionsrat im Erziehungsministerium tätig. Öffentlich bekannt wurde er durch zahlreiche Vorträge im In- und Ausland sowie eine Reihe von Radiosendungen über Kindererziehung. Fari Khabirpour ist seit 1974 verheiratet und Vater von drei Kindern.

*Nadi Hofmann* studierte in Heidelberg Psychologie. Sie ist seit 1996 als Schulpsychologin und Lehrerin an der Townshend International School in Tschechien tätig und promoviert zur Zeit in Potsdam im Fach Pädagogische Psychologie.